Recettes faciles de plats en
cocotte à la française

フランス人に
教わる3種の
"新"蒸し料理。

上田淳子

Introduction

蒸し器のいらない、フランスの蒸し料理

「蒸し料理って面倒くさそう……」。そんな風に考えている人のほとんどは、「蒸し料理には、蒸し器やセイロが必要」と思っているのではないでしょうか。確かに、蒸し料理専用の鍋を用意するのは、ちょっと億劫かもしれません。

では、いつも使っているフライパンや鍋で作れたらどうでしょう？　この本で紹介する蒸し料理は、いつものフライパンや鍋、そしてぴったりと合うふたさえあれば大丈夫。フライパンや鍋に水やスープを沸かして具材をのせれば、後はタイマーをセットして具材が蒸されるのを待つばかり。難しい手間やワザは何もいりません。本当はフランスにも専用の鍋がありますが、まずは「蒸し料理のハードルを下げたい」との思いから、この本ではいつもの道具で作れる方法にしてご紹介することにしました。

フランスの蒸し料理？　なんとなくぴんとこない方も多いかもしれません。でも、フランスでは蒸し料理はポピュラーな調理。しかも、タイプの違うものが3つあります。
具材を蒸気でふっくらと蒸し、別に作ったソースをかけて食べる「ヴァプール」。
少量の水と油脂を入れて蒸し煮にする「エチュベ」。
かたまり肉などを調味液やスープで蒸す「ブレゼ」。
それぞれ得意な具材が違い、味わいもさまざまです。

モウモウと湯気が立ち上がるできたての蒸し料理は、それだけでごちそうです。日本や中国の蒸し料理とは一味もふた味も違うフランスの3つの蒸し料理で、料理のバリエーションを拡げてください。新しい味が、きっと家族を笑顔にしてくれると思います。

上田淳子

Vapeur

ヴァプール（水蒸気で蒸す）

- 水蒸気で具材を蒸す方法。
- 汁気をきって器に盛り、味（ソースやドレッシング）をつけて食べる。

じゃがいものヴァプール

材料＆作り方

① 新じゃがいも小8個は皮つきのままよく洗い、縁を立ち上げたオーブンシートにのせる。

② フライパンに水を2cm高さに入れ、中火にかける。沸騰したらいったん火を止めて①のオーブンシートをのせ、ふたをして強火で10〜15分蒸す。途中水がなくなりそうになったら足す。

③ 竹串がスーッと通るくらいやわらかくなったら蒸し上がり。塩、バターをつけて食べる（好みのソースをかけても）。

フランスの3つの蒸し料理

フランスには3つの蒸し料理があります。
特徴、違いがわかりやすいように、
じゃがいもを使い、
それぞれの蒸し方で調理してみました。

Étuvée

エチュベ（水＋油脂で蒸す）

- 少量の水、油脂で具材を蒸す方法。
- 塩、こしょうや酢などで調味し、汁ごと食べる。

じゃがいものエチュベ

材料＆作り方

❶ じゃがいも2個は1.5cm厚さの半月切りにしてフライパンに入れ、バター10g、水½カップを加え、ふたをして中火にかける。沸騰したら8〜10分蒸し煮にする。途中水がなくなりそうになったら足す。

❷ 竹串がスーッと通るくらいやわらかくなったら、塩、こしょう各少々を振る。器に盛り、そのまま食べる。

Braiser

ブレゼ（スープで蒸す）

- 味のついた調味液（スープ）で具材を蒸す方法。
- 具を蒸すと同時にソースを作り、かけて食べる。

じゃがいものトマトソースブレゼ

材料＆作り方

❶ ソースを作る。鍋にオリーブ油大さじ2を中火で熱し、みじん切りにした玉ねぎ½個とにんにく小1かけを入れ、さっと炒める。香りが出てきたらトマト水煮（ダイスカット）缶1缶（400g）、塩小さじ⅔を加えてさっと混ぜる。

❷ 皮をむいたじゃがいも小4個（400g）を入れ、煮立ったらふたをして弱火で15分蒸し煮にする。

❸ じゃがいもに竹串がスーッと通るくらいやわらかくなったらでき上がり。途中、確認し、煮詰まって焦げつきそうなら水適量を足す。

Contents

005 蒸し器のいらない、フランスの蒸し料理
006 フランスの3つの蒸し料理

column

052 column 1：「ヴァプール」のある食卓
主菜＋スープの2品を一度に
・塩豚のヴァプール　ラヴィゴットソース
・ミネストローネ
・シンプルグリーンサラダ

082 column 2：「エチュベ」のある食卓
テーブルエチュベ
・レタス、セロリとえびのエチュベ
・きのことじゃがいものチーズエチュベ
・ローストビーフのタルタル
・ミニトマトのピクルス

122 column 3：「ブレゼ」のある食卓
おもてなし
・鴨ロースのオレンジブレゼ
・マッシュルームのサラダ
・さば缶とクリームチーズのディップ

Vapeur
ヴァプール

012 **「ヴァプール」の基本の作り方**

014 えびとアスパラガスのヴァプール
　　　アイオリソース
016 かきのヴァプール　ブルーチーズソース
018 サーモンのミキュイ　ヨーグルトソース
019 たらのヴァプール　トマトレモンオイルソース
022 たいの紙包み蒸し
　　　ドライトマト＆オリーブ、ケッパー
024 さわらのヴァプール　エスニックソース
026 グリーン野菜と玉ねぎの
　　　パセリヴィネグレットサラダ
028 ねぎのヴィネグレットソース
028 小松菜のクミンオイルがけ
029 キャベツのサラダ　アンチョビードレッシング
029 蒸しそら豆のチーズ風味
032 さつまいもとオレンジのサラダ タイム風味
032 カリフラワーと芽キャベツのチーズフォンデュ
033 マッシュポテトのベーコン添え
033 なすキャビア　パン添え
036 鶏もも肉と野菜のヴァプール　バジルソース
038 鶏ささ身のヴァプール　セロリバターソース
040 豚薄切り肉のバインミー風
042 アロマ鶏のサラダ　ハーブマヨネーズソース
044 アボカドの牛肉巻き蒸し
046 ひき肉団子のヴァプール
048 ラヴィオリ シノワ ジャスミンティーソース
050 ウフ・マヨネーズ
050 ウフ・ファルシ
051 卵のココット蒸し
051 ロワイヤル

Étuvée

エチュベ

058 「エチュベ」の基本の作り方

060 白い野菜のエチュベ

062 緑の野菜のエチュベ

064 白菜のバターエチュベ

064 ほうれん草のエチュベ

065 セロリのクミンオイルエチュベ

065 パプリカのオイルビネガーエチュベ

068 じゃがいもとあさり、ドライトマトのエチュベ

070 菜の花とたけのこ、たいのエチュベ

072 きのこと鶏肉、麦のエチュベ

074 りんごと豚肉のエチュベ　サワークリーム添え

076 牛肉とれんこんのエチュベ　アジアン仕立て

078 野菜のペイザンヌ

080 ひよこ豆と手羽中のエチュベ
　　　　　セージバター風味

Braiser

ブレゼ

088 「ブレゼ」の基本の作り方

090 豚肩ロース肉と野菜のブレゼ

092 手羽元と玉ねぎ、セロリ、トマトのタジン風

094 骨つき鶏もも肉と栗のブレゼ

096 きのことくるみのチキンロール

098 豚薄切り肉のロール白菜

100 ひき肉のブーレット　パプリカトマトソース

102 牛すね肉のブレゼ

103 スペアリブとじゃがいものミルクブレゼ

106 シェーラソーシッスのカスレ風

108 サーモンとマッシュルーム、
　　　　　ねぎのミルクブレゼ

110 さわらと野菜のビネガーブレゼ

112 大根と豚バラ肉のブレゼ

114 紫キャベツとりんごのブレゼ

116 にんじんとセロリのクリームブレゼ

118 丸ごと玉ねぎのオニオンソース

120 長いものブレゼ　赤ワインソース

126 材料別 INDEX

【この本の使い方】
・材料は特に記載のない限り「2〜3人分」を基本にしています。
・にんにくは、芽を取ってから調理してください。
・小さじ1 = 5ml、大さじ1 = 15ml、1カップ= 200ml です。
・レシピ上、野菜の「洗う」「皮をむく」などの
　通常の下ごしらえは省略してあります。
　特に指示のない限り、その作業をしてから調理してください。
・塩は粗塩や自然塩を使用しています。精製塩を使う場合は、
　分量より少しだけ少なめにしてください。
・ワインは、白は辛口を、赤は渋味の少ないものを使用しています。
・電子レンジは 600 W のものを使用したときの加熱時間の目安です。
　500 W の場合は加熱時間を 1.2 倍に、
　700 W の場合は 0.8 倍にしてください。

1
Vapeur
ヴァプール

フランス人は、電子レンジを使いません。
代わりに、水蒸気で蒸す調理法「ヴァプール」で
野菜や魚をふっくらおいしく食べます。

ヴァプールとは、フランス語で「蒸気」を意味し、蒸気を使って材料を蒸す調理法のこともこう呼びます。日本の"蒸し料理"に近い料理がこれ。

フランスでは、水で素材をゆでる調理法はあまり多く見かけません。それは水が硬水であること、貴重なものであることに関係していると思われます。では、電子レンジで加熱しないのか？というと、そもそもフランスで電子レンジを持っている家庭は多くありません。しかも、電子レンジを使ったことがある人なら誰しも経験があると思いますが、電子レンジで加熱した素材はパサつく、冷めたらすぐにかたくなる……。それらの理由から、フランス人は電子レンジを持つ必要がないと思っているのだと想像します。日本のようにごはんを食べませんし、パンはオーブンで温めますからね。本場ではヴァプール専用の器具があり、それを使う家庭も多いよう。ですが、ここではフライパンで手軽に蒸す方法を考えました。水が入らないように縁を立ち上げたオーブンシートに具材をのせ、沸かした湯の上に置くだけと、とても簡単です。

ヴァプールは、蒸気が具材をふんわりと包み込み、ふっくらしっとりと仕上げてくれるので、特に魚介に向いています。手軽で、とてもヘルシーな料理。同じ素材でも、ソースを変えれば幾通りもの味を楽しめるのもいいところ。この方法なら、魚料理のバリエーションもぐんと増えますよ。

Vapeur
「ヴァプール」の基本の作り方

1
ソースを作る

ヴァプールは素材を蒸気で蒸し、好きなソースをかけて食べる料理。具材を加熱したらすぐに食べたいので、蒸す前にソースを作っておくとよい。

2
フライパンに湯を沸かす

フライパンに水を2cm高さに入れ、中火にかけて沸かす。フライパンは口径が広いためたっぷりの蒸気ができ、また具材をのせやすいのでおすすめ。鍋を使ってもOK。

3
具材をオーブンシートにのせ、湯に浮かす

オーブンシートを具材の大きさに合わせて用意し、具材をのせる。シートの縁を立ち上がらせて湯が入らないようにし、2の火をいったん止め（火傷防止のため）、具材をのせたオーブンシートを湯に浮かせる。

4
ふたをして強火で蒸す

きっちりとふたをして強火にかける。湯がなくなった場合は、途中で足す。半生に仕上げたい料理などは弱火で。具材に火が通ったら具材を器に盛り、1のソースをかける。

えびとアスパラガスのヴァプール
アイオリソース

Crevettes et Asperges vertes, sauce aïoli

蒸したアスパラガスはおいしさがギュッと凝縮されます。
蒸し時間が同じくらいのえびなら、同時に入れて大丈夫。
にんにくのうまみたっぷりのソースをたっぷりのせて。

材料（2人分）
グリーンアスパラガス…太め8本
えび（殻つき）…大6尾

【アイオリソース】
マヨネーズ（P.042または市販）…大さじ3
おろしにんにく…少々
オリーブ油…大さじ1½

❶ 下ごしらえ
アスパラガスは根元を落とし、根元近くの固い皮
をピーラーでむく。えびは尾を残して殻をむき、
背ワタを取る。ボウルに入れ、片栗粉小さじ1と
少量の水（ともに分量外）を加えてよく混ぜ、片
栗粉がグレーになったら水洗いし、水気をきる。
縁を立ち上げたオーブンシートにアスパラガスと
えびをのせる（P.013）。

❷ ソースを作る
ボウルにマヨネーズとおろしにんにくを入れて混
ぜ、オリーブ油を少しずつ加えながら泡立て器で
混ぜ合わせ、なめらかにする。

❸ フライパンに湯を沸かす
フライパンに水を2cm高さに入れ、中火にかける。

❹ 具材をのせ、ふたをして蒸す
③が沸騰したらいったん火を止め、①のオーブ
ンシートをのせ、ふたをして強火で3分ほど蒸す。

❺ 仕上げ
器にアスパラガスとえびを盛り、②のソースを
のせる。

かきのヴァプール
ブルーチーズソース

Huîtres vapeur, sauce au bleu

蒸したかきはぷっくり。口の中でおいしさが弾けます。
うまみが強いので、個性的なソースと相性抜群。
前菜として、白ワインやスパークリングと一緒に楽しみたい一皿です。

材料（2〜3人分）
かき（加熱用）…大粒8〜10粒

【ブルーチーズソース】
ブルーチーズ…40g
生クリーム（乳脂肪分40％以上）…⅓カップ
こしょう…適量

❶ 下ごしらえ
ボウルにかきを入れ、片栗粉小さじ1と少量の
水（ともに分量外）を加え、やさしく混ぜる。片
栗粉がグレーになったら水洗いし、水気をきる。
縁を立ち上げたオーブンシートにかきを重ならな
いようにのせる（P.013）。

❷ ソースを作る
チーズは小さくほぐす。小鍋に生クリームを入れ、
弱めの中火にかけ、煮立ったらチーズを入れて火
を止め、しばらくおく。泡立て器で混ぜてチーズ
をのばし、こしょうで味を調える。

❸ フライパンに湯を沸かす
フライパンに水を2cm高さに入れ、中火にかける。

❹ 具材をのせ、ふたをして蒸す
③が沸騰したらいったん火を止め、①のオーブ
ンシートをのせ、ふたをして強火で3〜4分蒸す。

❺ 仕上げ
器にかきを盛り、②のソースをかける。

→ サーモンのミキュイ　ヨーグルトソース
(P.020)

→ たらのヴァプール　トマトレモンオイルソース
(P.021)

サーモンのミキュイ
ヨーグルトソース
Saumon à l'aneth, sauce yaourt

「ミキュイ」とはフランス語で「半生」のこと。
刺し身用のサーモンを用意し、中まで完全に火が通らないよう弱火で蒸します。
酸味のあるソースがサーモンにマッチ！

材料（2人分）
サーモン（刺し身用）
　…2切れ（厚さ3cm・200g）※
※なるべく厚さが均一のものを選んで。
塩…小さじ2/3
こしょう…少々

【ヨーグルトソース】
プレーンヨーグルト…大さじ2
マヨネーズ…大さじ2
塩、こしょう…各少々

ディル…適量
ピンクペッパー…少々

❶ 下ごしらえ
サーモンは塩をすり込み、ラップをかけて冷蔵庫に入れる。10分ほどしたらさっと水洗いし、水気をペーパータオルでよく拭き、こしょうを振る。縁を立ち上げたオーブンシートにサーモンをのせる（P.013）。

❷ ソースを作る
ボウルに材料を入れ、よく混ぜ合わせる。

❸ フライパンに湯を沸かす
フライパンに水を2cm高さに入れ、中火にかける。

❹ 具材をのせ、ふたをして蒸す
③が沸騰したらいったん火を止め、①のオーブンシートをのせ、ふたをしてごく弱火で3分ほど蒸す。

❺ 仕上げ
オーブンシートを取り出し、サーモンの粗熱を取る（ヨーグルトソースをかけるため、冷ましたほうがおいしい）。器にソースを敷いてサーモンをのせ、ディルを添え、ピンクペッパーを手でつぶして散らす。

たらのヴァプール
トマトレモンオイルソース

Cabillaud à la vapeur, tomate et citron à l'huile d'olive

ついつい鍋料理にしがちな、たらの新しい食べ方。
トマトとレモンのソースをかけたら、さわやかなおいしさに。
パセリは色が変わらないよう、かける直前に混ぜ合わせます。

材料（2〜3人分）
生たらの切り身…2〜3切れ（300g）
塩…小さじ1
こしょう…少々

【トマトレモンオイルソース】
レモン…輪切り2〜3枚
トマト…小1個
レモン汁…小さじ2
塩、こしょう…各適量
オリーブ油…大さじ2
パセリ（みじん切り）…小さじ1

❶ 下ごしらえ
たらは塩をすり込み、ラップをかけて冷蔵庫に入れる。10分ほどしたらさっと水洗いし、水気をペーパータオルでよく拭き、こしょうを振る。縁を立ち上げたオーブンシートにたらをのせる（P.013）。

❷ ソースを作る
レモンは皮とワタを切り取り、残りの部分を小さく切る。トマトは横半分に切って種を取り、7mm角に切る。ボウルにレモン汁、塩、こしょうを入れてよく混ぜ、オリーブ油を加えてさらに混ぜ、トマト、レモンを加える。

❸ フライパンに湯を沸かす
フライパンに水を2cm高さに入れ、中火にかける。

❹ 具材をのせ、ふたをして蒸す
③が沸騰したらいったん火を止め、①のオーブンシートをのせ、ふたをして強火で5分ほど蒸す。

❺ 仕上げ
器にたらを盛る。②のソースにパセリを混ぜ、たらにかける。

たいの紙包み蒸し
ドライトマト＆オリーブ、ケッパー
Papillote de dorade à la méditerranéenne

ドライトマトとオリーブを一緒に閉じ込めたら、
その味と香りをやさしくまとった蒸し魚ができ上がります。
そのまま器にのせれば後片付けもラクチン。

材料（2〜3人分）
たいの切り身…2〜3切れ（300g）
白ワイン（または酒）…大さじ1
塩、こしょう…各少々
A
　ドライトマト…2個（10g）
　オリーブ（黒・種なし）…6個
　ケッパー…小さじ1
　オリーブ油…大さじ1½

レモン（国産）…輪切り2〜3枚
セルフィーユ…少々

❶ 下ごしらえ
たいは白ワインをからめる。5分ほどしたらさっと水洗いをし、水気をペーパータオルでよく拭き、塩、こしょうを振る。

❷ 味出し素材Aを準備する
ドライトマトはぬるま湯に3分ほどつけてやわらかくし、細切りにする。オリーブは輪切り、ケッパーは粗く刻む。小さいボウルにすべてを入れ、オリーブ油を加えて混ぜ合わせる。

❸ オーブンシートで包む
30cm幅のオーブンシートを正方形に切り、中央に①を1切れのせる。レモン1枚を置き、②を等分にしてかけ、オーブンシートで上下、左右を包んでキャンディのようにし、水分が入らないように両端を少し上向きにする。残りも同様に包む。

❹ フライパンに湯を沸かす
フライパンに水を2cm高さに入れ、中火にかける。

❺ 具材をのせ、ふたをして蒸す
④が沸騰したらいったん火を止め、③のオーブンシートをのせ、ふたをして強火で5分ほど蒸す。

❻ 仕上げ
器にオーブンシートごと盛り、オーブンシートの口を開いてセルフィーユをのせる。

Point
味の出るドライトマトやオリーブ、ケッパーを刻み、
たいの上にのせる（左）。
オーブンシートの縁を合わせて2回折り、
左右をキャンディのようにねじって包む（右）。

さわらのヴァプール
エスニックソース

Thazard sauce thaïlandaise, salade de germes de brocoli et cacahuète

甘味と酸味、辛味と三拍子揃ったエスニックソースをかけ、
ピーナッツとスプラウトをたっぷり。
ふっくらと蒸し上がった魚に食感のアクセントを加えます。

材料（2～3人分）
さわら…2～3切れ（300g）
塩…小さじ1
こしょう…少々

【エスニックソース】
ナンプラー、酢、砂糖…各小さじ2
赤唐辛子（種を取って輪切り）…½本
ピーナッツ（刻む）…大さじ1

ブロッコリースプラウト…適量
ピーナッツ（刻む）…大さじ1

❶ 下ごしらえ
さわらは塩をすり込み、ラップをかけて冷蔵庫に
入れる。10分ほどしたらさっと水洗いし、水気
をペーパータオルで拭き、こしょうを振る。縁を
立ち上げたオーブンシートにさわらをのせる
（P.013）。

❷ ソースを作る
ボウルに材料すべてを入れ、混ぜる。

❸ フライパンに湯を沸かす
フライパンに水を2cm高さに入れ、中火にかける。

❹ 具材をのせ、ふたをして蒸す
③が沸騰したらいったん火を止め、①のオーブ
ンシートをのせ、ふたをして強火で5分ほど蒸す。

❺ 仕上げ
器にさわらを盛り、ピーナッツを散らし、②の
ソースをかける。根元を落としたブロッコリース
プラウトをのせる。

グリーン野菜と玉ねぎの
パセリヴィネグレットサラダ

Salade de printemps, pois, asperges et oignon frais

サラダの野菜を加熱して使う場合も、蒸す方がおすすめ。
野菜の味が濃く、栄養分も逃げません。
数種の野菜は時間差で加えて一緒に蒸し上げます。

材料（2〜3人分）
スナップえんどう…8個
グリーンアスパラガス…4本
新玉ねぎ（サラダ用玉ねぎ）…大1個

【 パセリヴィネグレットソース 】
赤ワインビネガー…小さじ2
フレンチマスタード…小さじ½
塩、こしょう…各適量
サラダ油…大さじ1½
パセリ（みじん切り）…大さじ2

❶ 下ごしらえ
玉ねぎはくし形に切り、縁を立ち上げたオーブンシートにのせる（P.013）。スナップえんどうは筋を取る。アスパラガスは根元を落とし、根元近くの固い皮をピーラーでむいて3等分に切る。

❷ ソースを作る
大きめのボウルに赤ワインビネガー、マスタード、塩、こしょうを入れてよく混ぜる。サラダ油を少しずつ加えて混ぜる。

❸ フライパンに湯を沸かす
フライパンに水を2cm高さに入れ、中火にかける。

❹ 具材をのせ、ふたをして蒸す
❸が沸騰したらいったん火を止め、❶のオーブンシートをのせ、ふたをして強火で蒸す。1分30秒ほどしたらスナップえんどう、アスパラガスをのせ、ふたをしてさらに2〜3分蒸す。

❺ 仕上げ
オーブンシートを取り出す。粗熱が取れたら、❷にパセリと共に❹を加えてよくあえる。

Point
蒸した野菜の粗熱が取れたら、
あらかじめ用意しておいた
ソースに加えて混ぜるだけ。

027

→ ねぎのヴィネグレットソース
　(P.030)

→ 小松菜のクミンオイルがけ
　(P.030)

→ キャベツのサラダ
　アンチョビードレッシング (P.031)

→ 蒸しそら豆のチーズ風味
　(P.031)

ねぎのヴィネグレットソース

Blanc de poireau en vinaigrette

とろりと蒸されたねぎに、マスタードヴィネグレットがベストマッチ。

材料（2〜3人分）
ねぎ…太2本

【ヴィネグレットソース】
赤ワインビネガー…大さじ½
フレンチマスタード…小さじ½
塩、こしょう…各適量
サラダ油…大さじ1

※ねぎをからめてすぐでもおいしいが、
半日ほどおいて味をなじませてからも美味。

❶ 下ごしらえ
ねぎは4cm長さに切り、縁を立ち上げたオーブンシートにのせる（P.013）。

❷ ソースを作る
大きめのボウルにサラダ油以外を入れてよく混ぜ、サラダ油を少しずつ加えて混ぜ、乳化させる。

❸ フライパンに湯を沸かし、具材を蒸す
フライパンに水を3cm高さに入れ、中火にかける。沸騰したらいったん火を止め、①のオーブンシートをのせ、ふたをして強火で10分ほど蒸す。

❹ 仕上げ
熱々のうちに②に加えてあえる。

小松菜のクミンオイルがけ

Komatsuna à la sauce cumin

程よく歯ごたえが残った小松菜に熱々のオイルをジャッ！

材料（2〜3人分）
小松菜…300g（大1束）

【クミンオイル】
オリーブ油…大さじ1
クミンシード…小さじ½
塩…適量

※熱い油をかけても大丈夫な器がない場合は、
耐熱のボウルで仕上げ、別の器に盛る。

❶ 下ごしらえ
小松菜は根元に十字の切り込みを入れ、水に15分ほどつけシャキッとさせ、食べやすい長さに切り、縁を立ち上げたオーブンシートにのせる（P.013）。

❷ フライパンに湯を沸かし、具材を蒸す
フライパンに水を2cm高さに入れ、中火にかける。沸騰したらいったん火を止め、①のオーブンシートをのせ、ふたをして強火で3分ほど蒸し、耐熱性の器に盛る。

❸ クミンオイルを作り、野菜にかける
小鍋に材料を入れて中火にかけ、クミンシードがシュワシュワしてきたら、火から下ろして②にかける。

キャベツのサラダ　アンチョビードレッシング

Chou doux, sauce aux anchois

蒸して甘味が増したキャベツにアンチョビーのうまみをプラス。

材料（2〜3人分）
キャベツ… 300g（約¼個）
※季節によって固さに差があるので、蒸し時間はお好みで。

【 アンチョビードレッシング 】
アンチョビーフィレ（刻む）…1枚
おろしにんにく…少々
赤ワインビネガー…小さじ2
塩、こしょう…各適量
オリーブ油…大さじ2

① 下ごしらえ
キャベツは大きめに切り、縁を立ち上げたオーブンシートにのせる（P.013）。

② ドレッシングを作る
大きめのボウルにオリーブ油以外を入れて混ぜ、オリーブ油を少しずつ加えて混ぜ、乳化させる。

③ フライパンに湯を沸かし、具材を蒸す
フライパンに水を2cm高さに入れ、中火にかける。沸騰したらいったん火を止め、①のオーブンシートをのせ、ふたをして強火で3〜5分蒸す。

④ 仕上げ
オーブンシートを取り出して粗熱を取り、水気をきって②であえる。

蒸しそら豆のチーズ風味

Fèves au parmesan

さやごと蒸すから、おいしさを逃がしません。

材料（2〜3人分）
そら豆…さや10本
オリーブ油…小さじ1
塩、粗びき黒こしょう…各適量
パルミジャーノチーズ（かたまり・すりおろす。
　または粉チーズ）…適量

① 下ごしらえ
そら豆をさやごと縁を立ち上げたオーブンシートにのせる（P.013）。

② フライパンに湯を沸かし、具材を蒸す
フライパンに水を2cm高さに入れ、中火にかける。沸騰したらいったん火を止め、①のオーブンシートをのせ、ふたをして強火で3分ほど蒸す。オーブンシートを取り出し、粗熱が取れたらさやから豆を出し、薄皮も取り除く。
※キッチンバサミでさやを切ると豆を出しやすい。

③ 仕上げ
器に盛り、オリーブ油、塩、こしょう、チーズをかける。

→ さつまいもとオレンジのサラダ　タイム風味
　(P.034)

→ カリフラワーと芽キャベツのチーズフォンデュ
　(P.034)

→ マッシュポテトのベーコン添え
　(P.035)

→なすキャビア　パン添え
　(P.035)

033

さつまいもとオレンジのサラダ　タイム風味

Salade d'orange et patate douce au thym

意外な組み合わせですが、食べると納得。レモンを利かせて。

材料（2〜3人分）
さつまいも…中1本（200〜250g）
オレンジ…1個
A
　レモン汁…大さじ1
　オリーブ油…大さじ1
　タイム（生）、塩、こしょう…各適量

❶ 下ごしらえ
さつまいもは2cm角に切り、さっと水洗いし、縁を立ち上げたオーブンシートにのせる（P.013）。オレンジは皮とワタをむき、角切りにする。

❷ フライパンに湯を沸かし、具材を蒸す
フライパンに水を3cm高さに入れ、中火にかける。沸騰したらいったん火を止め、①のオーブンシートをのせ、ふたをして強火で8分ほど蒸す。さつまいもに竹串がスーッと通ればOK。オーブンシートを取り出し、粗熱を取る。

❸ 仕上げ
ボウルにAのレモン汁、オリーブ油を入れ、②、オレンジを加えてあえ、残りのAで味を調える。

カリフラワーと芽キャベツのチーズフォンデュ

Fondue de Chou fleur et Brocoli

野菜と同時にソースを加熱するのがポイント。

材料（2〜3人分）
カリフラワー…100g
芽キャベツ…6個

【チーズソース】
モッツァレラチーズ…1個（100g・角切り）
ピザ用チーズ…50g
小麦粉…小さじ1
にんにく（薄切り）…1かけ
白ワイン…大さじ1

こしょう…適量

❶ 下ごしらえ
カリフラワーは小房に分ける。芽キャベツは半分または4等分に切る。縁を立ち上げたオーブンシートにすべてをのせる（P.013）。

❷ ソースを作る
ボウルにチーズを入れて小麦粉をまぶし、ココットなどの耐熱容器2個に入れる。にんにくをのせ、白ワインを加え、フライパンの水が入らないようにアルミホイルでふたをする。

❸ フライパンに湯を沸かし、具材、ソースを蒸す
フライパンに水を3cm高さに入れ、中火にかける。沸騰したらいったん火を止め、①、②をのせ、ふたをして強火で5分ほど蒸す。ソースを混ぜ、こしょうを振る。

マッシュポテトのベーコン添え

Purée de pomme de terre au bacon

軽やかなマッシュポテトです。熱いうちに漉すのがコツ。

材料（2～3人分）

じゃがいも（メークイン）… 2個（200～250g）

A

> バター… 15g
> オリーブ油… 大さじ1
> 生クリーム（乳脂肪分40％以上）… 大さじ2
> 牛乳… 大さじ2～4
> 塩、こしょう… 各適量
> ナツメグ… 適宜

粗びき黒こしょう、ベーコン（ブロック・
　厚めに切る）… 各適量

❶ 下ごしらえ

じゃがいもは1cm厚さに切り、縁を立ち上げた
オーブンシートにのせる（P.013）。

❷ フライパンに湯を沸かし、具材を蒸す

フライパンに水を3cm高さに入れ、中火にかけ
る。沸騰したらいったん火を止め、①をのせ、ふ
たをして強火で8分ほど蒸す。

❸ 裏漉しし、調味する

じゃがいもが熱いうちにざるに入れて裏漉しする。
鍋にAを入れて火にかけ、フツフツしてきたら
火を止め、じゃがいもを加えて練らないように
さっくりと混ぜる。器に盛り、粗びき黒こしょう
を振り、カリッと焼いたベーコンを添える。

※マッシュポテトの固さは牛乳の量で調整。冷蔵庫で2～3日保存可。
食べるときは電子レンジで温めて。

なすキャビア　パン添え

Caviar d'aubergines

「貧乏人のキャビア」と親しまれている料理。食べ始めると止まりません。

材料（2～3人分）

なす… 中4本（300g）

A

> おろしにんにく… 少々
> 塩、こしょう… 各適量
> オリーブ油… 大さじ2～3

フランスパン… 適量

※好みでアンチョビーのみじん切りを混ぜてもおいしい。

❶ 下ごしらえ

なすはへたを落とし、ピーラーなどで皮をむいて
縦半分に切り、縁を立ち上げたオーブンシートに
のせる（P.013）。

❷ フライパンに湯を沸かし、具材を蒸す

フライパンに水を3cm高さに入れ、中火にかけ
る。沸騰したらいったん火を止め、①をのせ、ふ
たをして強火で8分ほど蒸す。

❸ 調味する

オーブンシートを取り出して、なすの粗熱が取れ
たらペーパータオルで水気をおさえ、包丁で細か
く刻む。ボウルに入れ、Aを加えてよく混ぜ合わ
せる。器に盛り、薄く切ったフランスパンを添える。

鶏もも肉と野菜のヴァプール
バジルソース

Poulet et légumes vapeur à la sauce basilic

鶏肉と野菜を一緒に蒸せば、一皿で大満足のおかずが完成。
蒸し上がりのタイミングが同じになるよう、じゃがいもは小さめに切るのがコツです。
蒸し立ての熱々にバジルソースをかけてどうぞ。

材料（2～3人分）
鶏もも肉…大1枚（300g）
じゃがいも…大1個
さやいんげん…80g
塩…小さじ½
こしょう…適量

【 バジルソース※ 】（作りやすい分量・うち⅓～½量使用）
バジルの葉…2パック（約30g）
松の実（またはカシューナッツ）…30g
パルミジャーノチーズ（かたまり・すりおろす。
　　または粉チーズ）…大さじ2
おろしにんにく…少々
オリーブ油…大さじ8
塩…小さじ½
こしょう…適量
※ バジルソースの残りは冷凍庫へ。1か月保存可。

❶ 下ごしらえ
鶏肉は筋と余分な脂を取り除いて2cm角に切り、塩、こしょうをすり込む。じゃがいもは鶏肉より少し小さめの角切りにする。さやいんげんは筋を取り、半分に切る。縁を立ち上げたオーブンシートに鶏肉が重ならないように広げ、じゃがいも、さやいんげんをのせる。

❷ ソースを作る
ミキサーにバジルソースの材料を入れて攪拌し、ペースト状にする。

❸ フライパンに湯を沸かす
フライパンに水を3cm高さに入れ、中火にかける。

❹ 具材をのせ、ふたをして蒸す
③が沸騰したらいったん火を止め、①のオーブンシートをのせ、ふたをして強火で10分ほど蒸す。

❺ 仕上げ
器に鶏肉と野菜を盛り、②のソースをかける。

Point
鶏肉を重ならないように並べて
火の通りを均一にし、その上に野菜をのせる。

鶏ささ身のヴァプール
セロリバターソース

Filet de poulet au céleri et sauce au vin blanc

蒸し湯の中にセロリの葉を入れておくと、
ささ身にほんのり、さわやかな風味がつきます。
バターの甘い香りと刻んだセロリがさわやかなソースをたっぷりと！

材料（2〜3人分）
鶏ささ身…4本（300g）
セロリの葉…2〜3本分
塩、こしょう…各少々

【セロリバターソース】
セロリの茎…⅓本
バター…15g
白ワイン…大さじ1
塩、こしょう…各少々

❶ 下ごしらえ
ささ身は筋を取って3〜4等分の斜め切りにし、塩、こしょうを振る。縁を立ち上げたオーブンシートに重ならないようにのせる。

❷ フライパンに湯を沸かす
フライパンに水を2cm高さに入れ、セロリの葉を入れて（飾り用に少し残す）中火にかける。

❸ 具材をのせ、ふたをして蒸す
②が沸騰したらいったん火を止め、①のオーブンシートをのせ、ふたをして強火で3〜4分蒸す。

❹ ソースを作る
セロリの茎は薄切りにし、小鍋にバター、白ワインと共に入れる。③のオーブンシートに残った蒸し汁を加え、弱めの中火にかける。煮立ったら塩、こしょうで味を調える。

❺ 仕上げ
器に③のささ身、セロリの葉、④のソースのセロリの茎を盛り、ソースをかける。

Point
セロリの葉を入れた湯でささ身を蒸す。
セロリの葉に余ったときに冷凍しておくと便利。
凍ったまま入れてOK。

Point
豚肉はナンプラー、砂糖、こしょうで
しっかり味をもみ込んでから蒸すと、
味がよくなじむ。

豚薄切り肉のバインミー風
Bánh mì à l'émincé de porc

フランスパンに蒸した肉となますをはさんだ、
ベトナムのサンドイッチ・バインミー。
しっとりと蒸し上げた豚肉をサンドしたら、おいしさもひとしおです。

材料（2〜3人分）
フランスパン… 適量
豚薄切り肉（肩ロースなど）… 200g

【野菜なます】
大根… 100g
にんじん… 50g
塩… 小さじ ½
酢… 大さじ 2
砂糖… 大さじ 1½
一味唐辛子… 少々

葉野菜（グリーンカール、ベビーリーフ、
　サラダ菜など）… 適量
香菜… 適量
A
　ナンプラー… 小さじ 1
　砂糖… ひとつまみ
　こしょう… 少々

バター… 適量
赤唐辛子（種を取って輪切り）… 適宜
ナンプラー… 適宜

① 野菜なますを作る
大根、にんじんはせん切りにし、塩をまぶして軽くもみ、10分ほどおく。さっと水洗いし、ぎゅっと絞ってボウルに入れ、酢、砂糖、一味唐辛子を加えて10分以上おく。

② 野菜の準備
香菜は根元を落とし、葉野菜と共に水につけてパリッとさせ、ペーパータオルで水気をしっかり拭く。

③ 肉の下ごしらえ
豚肉にAをもみ込み、縁を立ち上げたオーブンシートに広げてのせる（P.013）。

④ フライパンに湯を沸かし、具材を蒸す
フライパンに水を2cm高さに入れ、中火にかける。沸騰したらいったん火を止め、③のオーブンシートをのせ、ふたをして強火で3分ほど蒸す。オーブンシートを取り出し、粗熱を取る。

⑤ 仕上げ
フランスパンに切り込みを入れ、バターを塗る。②の野菜を広げ、①のなますの汁気を絞ってのせ、④の豚肉をはさむ。好みで赤唐辛子をのせ、ナンプラーをかける。

アロマ鶏のサラダ
ハーブマヨネーズソース
Salade de poulet à la mayonnaise aux herbes

ハーブやレモン入りの湯で鶏肉を蒸したら、
特有のクセがなくなり、さわやかなアロマが香る蒸し鶏に。
3〜4分蒸したら火を止めて余熱で火を通すと、口当たりしっとり。

材料（2〜3人分）
鶏むね肉（皮つき）…1枚（250g）
塩、こしょう…各少々
A
　ローリエ…2枚
　ローズマリー…3枝
　レモンの薄切り…4枚

【ハーブマヨネーズ】
マヨネーズ（下記参照）…大さじ3
レモン汁…小さじ1
セルフィーユ、パセリなど（刻む）…適量

サラダ菜…適量

❶ 下ごしらえ
鶏むね肉に塩、こしょうをすり込み、縁を立ち上げたオーブンシートに皮目を上にしてのせる（P.013）。

❷ フライパンに湯を沸かす
フライパンに水を2cm高さに入れ、Aを加えて中火にかける。

❸ 具材をのせ、ふたをして蒸す
②が沸騰したらいったん火を止め、①のオーブンシートをのせ、ふたをして強火で3〜4分蒸す。火を止め、粗熱が取れるまでそのままおき、余熱で火を通す。

❹ 仕上げ
③の粗熱が取れたら鶏肉の皮を取り除いてほぐし、冷ます。大きめのボウルにハーブマヨネーズの材料を入れて混ぜ、鶏肉を加えてあえる。サラダ菜をのせた器に盛る。

Point
鶏むね肉はパサつかないように
皮つきのまま蒸し、
粗熱が取れたら手でほぐす。

マヨネーズの作り方

材料（作りやすい分量）
卵黄…1個
フレンチマスタード…小さじ1
塩…小さじ2/3
こしょう…少々
サラダ油…3/4カップ
酢（赤ワインビネガーまたは米酢）…大さじ1※
※酸味が得意でない人は酢の量を小さじ2にしても。

❶ ボウルに卵黄、マスタード、塩、こしょうを入れ、泡立て器でよく混ぜる。
❷ 塩が溶けたらサラダ油を少し加え、分離しないようにゆっくり混ぜる。卵黄とサラダ油が完全に乳化したら、サラダ油を少しずつ加えて混ぜる、を繰り返す。
❸ 酢を加え、混ぜる。

アボカドの牛肉巻き蒸し

Roulage de bœuf à l'avocat, salade roquette au citron vert

火を通したアボカドは、濃厚さが増して生の状態とは違うおいしさ。
牛肉で巻いて蒸したら、おつまみにもぴったりです。
ライムを搾り、黒こしょうをたっぷりかけるのが好み。

材料（2～3人分）
牛薄切り肉（赤身）… 150g
アボカド（やわらかすぎないもの）…大1個
塩、こしょう…各適量
セルバチコ（またはルッコラ）…適量
オリーブ油…大さじ½
ライム（またはレモン）…½個
粗びき黒こしょう…適量

❶ 下ごしらえ
アボカドは種と皮を取り除き、8等分のくし形に切り、塩、こしょう各少々を振る。牛肉を広げ、アボカドをのせてくるくると巻き、表面に塩、こしょう各少々を振る。縁を立ち上げたオーブンシートに巻き終わりを下にしてのせる（P.013）。

❷ フライパンに湯を沸かす
フライパンに水を2cm高さに入れ、中火にかける。

❸ 具材をのせ、ふたをして蒸す
②が沸騰したらいったん火を止め、①のオーブンシートをのせ、ふたをして強火で3分ほど蒸す。

❹ 仕上げ
器に盛り、セルバチコをのせ、オリーブ油をかける。ライムを搾り、粗びき黒こしょうを振る。

ひき肉団子のヴァプール
Boulettes de porc au coriandre, sauce nuoc-mâm

香菜の茎を刻んでたっぷり詰め込んだ肉団子は、
一口ごとに香菜の香りが広がります。
味わいが深くなるよう、豚バラ肉を叩いて加えて。

材料（10個分）
【肉だね】
豚バラ肉（薄切り）… 150g
豚ひき肉（赤身）… 150g
香菜の茎… 20g
ねぎ… 5cm
れんこん… 50g
にんにく（みじん切り）… 小1かけ
片栗粉… 小さじ1
塩… 小さじ1/3
こしょう… 少々
水… 大さじ1 1/2

香菜の葉… 適量
ナンプラー、酢… 各適宜

① 下ごしらえ
豚バラ肉は包丁で細切りにし、さらに叩いてミンチ状にする。香菜の茎は細かく刻む。ねぎはみじん切り、れんこんは皮をむいて粗みじん切りにする。

② 肉だねを作る
ポリ袋に肉だねの野菜以外の材料を入れ、袋の外側からよく練り混ぜる。粘りが出てきたら野菜を加え、均一になるまでさらに混ぜる。10等分にしてボール状に丸め、縁を立ち上げたオーブンシートに重ならないようにのせる（P.013）。

③ フライパンに湯を沸かす
フライパンに水を3cm高さに入れ、中火にかける。

④ 具材をのせ、ふたをして蒸す
③が沸騰したらいったん火を止め、②のオーブンシートをのせ、ふたをして強火で5分ほど蒸す。

⑤ 仕上げ
器に④を盛り、香菜の葉を飾る。好みでナンプラー、酢をつけて食べる。

Point
ポリ袋にひき肉、叩いた豚バラ肉、
調味料を入れ、袋の外側からもんでよく練り合わせる。
ポリ袋を使えば、手も汚れずに混ぜやすい。

ラヴィオリ シノワ ジャスミンティーソース
Ravioli chinois sauce jasmin

蒸しギョーザをフレンチにアレンジしたら？
の発想で作った料理。つるり＆プリッ！の食感がたまりません。
塩を入れたジャスミンティーのソースが新鮮。

Point
肉だねをのせたギョーザの皮は半分にたたみ、
水をつけて縁をしっかりと閉じ、
端と端をくるりと寄せて水をつけてくっつける。

材料（10個分）
ギョーザの皮…大・薄すぎないもの10枚

【肉だね】
豚肩ロース肉（薄切り）…150g
しいたけ…2枚
ねぎ…8cm
オイスターソース…小さじ1弱
五香粉（あれば）…適量

【ジャスミンティーソース】
ジャスミンティー…ティーバッグ3個
　（または茶葉大さじ2）
水…1カップ
塩…小さじ½

① 肉だねを作る
豚肩ロース肉は包丁で細切りにし、さらに叩いてミンチ状にする。しいたけは石づきを落とし、ねぎと共にみじん切りにする。ポリ袋に肉だねの材料を入れ、袋の外側からよく練り混ぜる。

② 包む
ギョーザの皮に具を等分にのせて包み、縁を立ち上げたオーブンシートにギョーザ同士がくっつかないように離して並べる（P.013）。

③ ソースを作る
鍋に分量の水を入れて中火にかけ、沸騰したらジャスミンティーを入れて2分ほど中火で煮出す。ティーバッグをぎゅっと絞って取り出し、塩を混ぜる。

④ フライパンに湯を沸かす
フライパンに水を3cm高さに入れ、中火にかける。

⑤ 具材をのせ、ふたをして蒸す
④が沸騰したらいったん火を止め、②のオーブンシートをのせ、ふたをして強火で7分ほど蒸す。

⑥ 仕上げ
器に⑤を並べ、③のソースにつけて食べる。

ウフ・マヨネーズ

Œuf mayonnaise au paprika

蒸すことでむっちりとした食感に。
おなじみウフマヨも極上の味。

材料（6個分）
卵…3個
マヨネーズ（P.042 または市販）…適量
パプリカパウダー…適量

❶ フライパンに湯を沸かし、具材を蒸す
フライパンに水を2cm高さに入れ、卵を入れ、強火にかける。沸騰したらふたをして中火で10分蒸す。途中1〜2度、ふたをしたままフライパンを揺すって卵を転がす。

❷ 仕上げ
①の卵を冷水に取り、殻をむく。縦半分に切り、マヨネーズをのせ、パプリカパウダーを振る。

ウフ・ファルシ

Œuf mimosa persillé au jambon

蒸した黄身はつぶして白身のくぼみにこんもりと。
コクのある黄身とハムは納得のおいしさです。

材料（6個分）
卵…3個
A
　マヨネーズ（P.042 または市販）…大さじ1½
　塩、こしょう…各少々
　ハム（刻む）…1枚
　パセリのみじん切り…少々
牛乳…少々

❶ 卵を蒸す
ウフ・マヨネーズ（左記）の作り方①同様に卵を蒸し、冷水に取って殻をむく。

❷ フィリングを作る
①を横半分に切り、黄身をボウルに取り出す。フォークなどで細かくつぶし、Aを加えて混ぜ、牛乳で固さを調整する。

❸ 仕上げ
器に白身を盛り、くぼみに②を詰める。

卵のココット蒸し

Œuf cocotte

蒸して作ったトマトソースに
卵を割り入れてさらに時間差で蒸すだけ。

材料（ココット2個分）
卵…2個
A
　トマトの水煮（ダイスカット缶）…大さじ6
　オリーブ油…小さじ2
　オリーブ（黒・輪切り）…6個
　塩、こしょう…各適量

❶ ソースを作る
ココットなどの耐熱容器にAを等分に入れ、軽く混ぜ、フライパンの水が入らないようにアルミホイルでふたをする。

❷ フライパンに湯を沸かし、ソースを蒸す
フライパンにペーパータオルをたたんで敷き、その上にココットを並べる。器の高さ½くらいまで水を加え、ふたをして中火で5分ほど蒸す。

❸ 卵を割り入れ、蒸す
②に卵を割り入れる。再びアルミホイルのふたと鍋ぶたをして中火にかけ、卵が好みの固さになるまで4〜6分加熱する。

ロワイヤル

Consommé façon "œuf Royal" au crabe

フレンチ茶わん蒸し。
だしの代わりにスープを使い、チーズをイン！

材料（ココット2個分）
卵…大1個
スープ（固形コンソメ½個＋湯）…120㎖
塩、こしょう…各適宜
ミニチーズ…2個（30g）
かにのほぐし身…少々
好みのハーブ（セルフィーユなど）…少々

❶ 下ごしらえ
ボウルに卵を割りほぐし、スープを加えて混ぜ、ざるで漉す。味を見て薄いようなら、軽く塩、こしょうを振る。チーズは半分に切る。

❷ フライパンに湯を沸かし、卵を蒸す
ココットなどの耐熱容器に①を等分に入れ、アルミホイルでふたをする。フライパンにペーパータオルをたたんで敷き、その上に並べる。器の高さの½くらいまで水を加え、ふたをして中火にかける。沸騰したら弱火にし、ふたを軽くずらして中身が固まるまで10〜15分蒸す（途中水がなくなりそうになったら足す）。固まったら、かにの身とハーブをのせる。

column 1
「ヴァプール」のある食卓
主菜＋スープの2品を一度に

フランスにはヴァプール専用の鍋があります。日本の蒸し器のようなもので、高さがある鍋の上に穴の開いた受け皿を重ねます。水分をたっぷり入れられるので、スープを作りながら受け皿の上で具材を蒸すことが可能。これを上手に利用したら、一度に2品できるというわけです。この鍋を使い、友人を招いたときの軽いおもてなしメニューを考えてみました。もちろん、日本の蒸し器でも同じように作れますよ。

Menu
塩豚のヴァプール　ラヴィゴットソース
ミネストローネ
シンプルグリーンサラダ

塩豚のヴァプール ラヴィゴットソース＆ミネストローネ

Petit salé sauce ravigote, Minestrone

材料（2〜3人分）

【塩豚のヴァプール】
豚肩ロース肉（かたまり）…400g
塩…小さじ 2/3

【塩豚のラヴィゴットソース】
玉ねぎ（みじん切り・水にさらして水気を絞る）
　…大さじ4
コルニッション（みじん切り）…大さじ1
ケッパー（みじん切り）…小さじ1
粒マスタード…大さじ 1/2
パセリ（みじん切り）…大さじ1
赤ワインビネガー…大さじ1
オリーブ油…大さじ3
塩、こしょう…各適量

【ミネストローネ】
セロリ…1本
玉ねぎ…1個
にんじん…1/2本
ズッキーニ…1/2本
トマト…1個
にんにく（粗みじん切り）…1かけ
オリーブ油…大さじ2
水…4カップ
塩、こしょう…各適量

下段でスープを煮込みながら、上段で豚肉を蒸す。肉汁がスープに落ちて、さらにおいしくなる！

❶ 塩豚の下ごしらえ
豚肉は横に半分に切って塩をすり込む。ラップに包んで冷蔵庫に半日（4〜6時間）ほどおく（その状態で、冷蔵庫で2日ほど保存可）。

❷ ミネストローネの下ごしらえ
セロリは筋をとり、玉ねぎ、にんじん、ズッキーニと共に5mm角に切る。トマトは皮を湯むきし、2cmの角切りにする。

❸ ミネストローネを作る
鍋にオリーブ油、にんにく、玉ねぎ、にんじん、セロリを入れ、中火で炒める。しんなりしたら分量の水を加え、煮立たせる。

❹ 豚肉をのせて蒸し、スープを煮る
③の鍋の上段（受け皿）に①の豚肉を並べ、ふたをして中火にかける。15分したら下段のミネストローネにトマト、ズッキーニを加え、さらに10分加熱する。肉に火が通っていない場合はさらに5分ほど火にかける。

❺ 塩豚のラヴィゴットソースを作る
④を加熱している間に、ラヴィゴットソースの材料を混ぜ合わせる。

❻ 仕上げ
豚肉が蒸し上がったら食べやすく切って器に盛り、⑤のソースをかける。ミネストローネは塩、こしょうで調味し、仕上げにオリーブ油適量（分量外）を加える。

＋1品
シンプルグリーンサラダ
Salade de jeunes pousses

材料（2〜3人分）
ベビーリーフ…1パック（30g）

【ヴィネグレットソース】
赤ワインビネガー…小さじ1
フレンチマスタード…小さじ1/3
塩、こしょう…各適量
サラダ油…大さじ1

❶ 下ごしらえ
ベビーリーフは水につけてパリッとさせ、ペーパータオルで水気をしっかり取る。

❷ ソースを作る
大きめのボウルに赤ワインビネガー、マスタード、塩、こしょうを入れ、よく混ぜる。塩が溶けたらサラダ油を少しずつ加えて混ぜ、乳化させる。

❸ あえる
②に①を入れ、ふんわりとあえる。

2
Étuvée
エチュベ

フライパンとふた。
それに水とオイルさえあれば！
「エチュベ」は、野菜のうまみを閉じ込める、
手軽な調理法です。

エチュベは、少量の水と油脂で具材を蒸し煮にする方法。フランス修業時代、友人宅でいただいて私が感激した野菜料理がこのエチュベです。

エチュベのいいところは、少ない水分で蒸すので素材のうまみがぎゅっと凝縮されること。オイルやバターを加えるので、野菜のえぐみなどのクセをマスキングし、うまみも閉じ込めてくれること。とにかく味が濃くなり、塩、こしょうだけでも十分おいしい。カサもぐんと減るので、ほうれん草1束もペロリと食べてしまいます。また、水分が少なく蒸気が上がるまでに時間がかからないので、短時間でできるのもメリットの一つではないでしょうか。

エチュベは、野菜を調理するのにとても適しています。好みの野菜をオイルで、少しコクを出したいときはバターを加えて蒸し煮にしてください。少し味を変えたいときやボリュームを出したいときは、肉や魚などのたんぱく質を加えても。その場合は、火が通りやすい素材がおすすめです。加熱しすぎるとかたくなる魚介にも、短時間で仕上げるエチュベはぴったりの調理法です。

エチュベは鍋でもフライパンでも、どちらでも問題ありませんが、口径の広いフライパンなら時短にもなっておすすめです。どちらにせよ、ぴったりと閉まる"ふた"があれば大丈夫です。

Étuvée
「エチュベ」の基本の作り方

1
フライパンに材料を入れる

材料を切り、フライパンに広げて入れる。フライパンは口径が広く、火の回りが早いメリットがある。また、焼き色をつけたい場合にも便利。表面加工されているフライパンが適している。

2
油脂を加える

バターまたは好みの油を入れる。油脂を加えると、野菜のうまみを閉じ込めることができる。油脂を入れないこともあるが、フランスでは入れるのが一般的。食べごたえも出る。

3
水を加える

少量の水を加える。この水のおかげで蒸気が上がり、フライパンの中の材料をやさしく包み込む。水分がなくならないように注意し、少なくなったら途中で足す。

4
ふたをして
中火〜強火で蒸す

きっちりとふたを閉めて強めの中火にかけ、沸いてきたら中火にして蒸す。仕上げに水分が残っているようであれば、ふたを取り、火を強めて水分がほぼなくなるまで煮詰める。

060 Étuvée

白い野菜のエチュベ
Jardinière de légumes blancs à l'étuvée

野菜がおいしく食べられるエチュベならではの料理。
同じ色の野菜は相性がよく、見た目も美しくなります。
蒸し立てにチーズ、粗びき黒こしょうを多めに振ったらでき上がり。

材料（2〜3人分）
じゃがいも…1個
カリフラワー…100g
れんこん…100g
ねぎ…1本
バター…15g
水…½カップ
塩、こしょう…各適量
パルミジャーノチーズ（かたまり。
　または粉チーズ）…適量
粗びき黒こしょう…適量

❶ 下ごしらえ
じゃがいもは厚さ1.5cmの半月またはいちょう切りにする。カリフラワーは小房に分ける。れんこんは1cm厚さの輪切りまたは半月切りにする。ねぎは3cm長さに切る。

❷ フライパンに入れ、蒸し煮にする
フライパンに①、バター、分量の水を入れ、ふたをして強めの中火にかける。沸いてきたら中火にし、8〜10分蒸し煮にする。

❸ 仕上げ
塩、こしょうで調味して器に盛り、パルミジャーノチーズをすりおろして散らし、粗びき黒こしょうを振る。

ホワイトアスパラガスを加えたら、
より春らしい料理に。

緑の野菜のエチュベ
Jardinière de légumes verts à l'étuvée

緑の野菜を組み合わせたら、体に元気をもらえそう！
ほくほくのブロッコリー、プリッと歯ごたえのあるスナップえんどう、
ジューシーなかぶ。エチュベなら、それぞれのおいしさが際立ちます。

材料（2〜3人分）
ブロッコリー…½株（120g）
かぶ…1個
スナップえんどう…8個
にんにく（薄切り）…1かけ
オリーブ油…大さじ1
水…⅓カップ
塩、こしょう…各適量

❶ 下ごしらえ
ブロッコリーは小房に分ける。かぶは茎少々を残して縦6等分に切り、水につけて根元の土を落とす。スナップえんどうは筋を取る。

❷ フライパンに入れ、蒸し煮にする
フライパンに①、にんにく、オリーブ油、分量の水を入れ、ふたをして強めの中火にかける。沸いてきたら中火にして5分ほど蒸し煮にし、塩、こしょうで調味する。盛りつけるときに、スナップえんどうの一部を開いて盛るときれい。

芽キャベツを加え、
仕上げに生クリームを加えてあえても。

→ 白菜のバターエチュベ
 (P.066)

→ ほうれん草のエチュベ
 (P.066)

064　Étuvée

→ セロリのクミンオイルエチュベ
(P.067)

→パプリカのオイルビネガーエチュベ
(P.067)

白菜のバターエチュベ
Étuvée de chou chinois au beurre

くたくたに蒸し煮にした白菜は、とろりとおいしい。
あっという間に¼個もペロリ。

材料（2～3人分）
白菜…300g（¼個）
バター…10g
水…½カップ
塩、こしょう…各適量

① 下ごしらえ
白菜は3cm幅に切る。

② フライパンに入れ、蒸し煮にする
フライパンに①、バター、分量の水を入れ、ふたをして強めの中火にかける。沸いてきたら中火にして10分ほど蒸し煮にし、塩、こしょうで調味する。

ほうれん草のエチュベ
Épinard à l'étouffée

アクが強いほうれん草は下ゆでしてからオイル蒸しに。
オイルのおかげでえぐみがやわらぎます。

材料（2～3人分）
ほうれん草…400g（2束）
にんにく（みじん切り）…小1かけ
バター…15g
水…½カップ
塩、こしょう…各適量

① 下ゆでする
ほうれん草は根元に十字の切り込みを入れ、水に15分ほどつけてシャキッとさせる。熱湯に入れてさっとゆで、水に取る。冷めたら水気をしっかり絞り、5cm長さに切る。

② フライパンに入れ、蒸し煮にする
フライパンに①、にんにく、バター、分量の水を入れ、ふたをして強めの中火にかける。沸いてきたら中火にして10分ほど蒸し煮にし、塩、こしょうで調味する。

セロリのクミンオイルエチュベ

Céleri sauce cumin

セロリとクミンの強い香り同士がクセになる味わい。
歯ごたえが残る程度に蒸し煮にすると、色鮮やか！

材料（2〜3人分）
セロリ…2本
クミンシード…小さじ ½
オリーブ油…大さじ1
水…¼ カップ
塩、こしょう…各適量

❶ 下ごしらえ
セロリは筋を取り、7mm 幅の斜め切りにする。
葉は食べやすい大きさに切る。

❷ フライパンに入れ、蒸し煮にする
フライパンにクミンシード、オリーブ油を入れて
中火にかける。香りが出てきたら①、分量の水
を入れ、ふたをして強めの中火にかける。沸いて
きたら中火にして3分ほど蒸し煮にし、塩、こしょ
うで調味する。

パプリカのオイルビネガーエチュベ

Poivron à l'étuvée

パプリカはシャキシャキ感を残して蒸し煮にし、
ビネガーでさっぱりと仕上げます。

材料（2〜3人分）
パプリカ（赤・黄）…各1個（300g）
オリーブ油、赤ワインビネガー…各大さじ1
水…¼ カップ
塩、こしょう…各適量

❶ 下ごしらえ
パプリカはへたと種を取り除き、縦1cm 幅に切る。

❷ フライパンに入れ、蒸し煮にする
フライパンに①、オリーブ油、分量の水を入れ、
ふたをして強めの中火にかける。沸いてきたら中
火にし、3分ほど蒸し煮にする。

❸ 煮詰めて、調味
赤ワインビネガーを加え、強めの中火にして水分
がほぼなくなるまで煮詰め、塩、こしょうで調味
する。

じゃがいもとあさり、
ドライトマトのエチュベ

Palourdes aux pommes de terre à la méditerranéenne

あさりのうまみをギューッと吸い込んだじゃがいもがおいしい一皿。
火が通るのに時間がかかるじゃがいもは先に、
長時間加熱したくないあさりは後から加える。この時間差がコツです。

材料（2〜3人分）
じゃがいも…2〜3個
あさり（砂抜き済み）…300g
ドライトマト…4個（20g）
オリーブ（黒・種なし）…6個
にんにく（薄切り）…1かけ
オリーブ油…大さじ1
水、白ワイン…各⅓カップ
塩、こしょう…各適量
イタリアンパセリ（粗く刻む）…適量

❶ 下ごしらえ
ドライトマトはぬるま湯に3分ほどつけてやわらかくし、粗く刻む。じゃがいもは2〜2.5cm角に切る。あさりは殻をこすり合わせて洗う。オリーブは半分に切る。

❷ 鍋に入れ、蒸し煮にする
鍋（またはフライパン）に①のじゃがいも、にんにく、オリーブ油、分量の水を入れ、ふたをして強めの中火にかける。沸いてきたら中火にし、5分ほどしたら①の残り、白ワインを加え、再びふたをしてあさりの口が開くまで2〜3分加熱する。

❸ 仕上げ
②のふたを取って蒸し汁を軽く煮詰め、塩、こしょうで味を調え、イタリアンパセリを散らす。

Point
あさりは火を通しすぎると
うまみが出てしまって身がパサつくので、
じゃがいもが少しやわらかくなったところに
時間差で加える。

菜の花とたけのこ、たいのエチュベ

Étuvée de Dorade aux pousses de bambou et fleurs de colza

春の味覚を詰め込んだ、軽やかな味わいのエチュベ。
フライパンに菜の花、たけのこを敷き、その上にたいをのせて
蒸し上げると、野菜にたいのうまみが染みていきます。

材料（2〜3人分）
菜の花… 1 束（200 g）
たけのこ（ゆでたもの）… 120 g
たいの切り身… 2 〜 3 切れ（300 g）
A
　塩…小さじ 1
　こしょう…少々

塩、こしょう…各少々
バター… 15 g
水… 1/3 カップ

❶ 下ごしらえ
菜の花は切り口を少し切り落とし、水に 10 分ほ
どつけてシャキッとさせ、長いようなら半分に切
る。たけのこは食べやすい大きさに切る。たいは
A の塩をすり込み、ラップをかけて冷蔵庫に入れ
る。10 分ほどしたらさっと水洗いし、水気をペー
パータオルでよく拭き、半分に切って A のこしょ
うを振る。

❷ フライパンに入れ、蒸し煮にする
フライパンに菜の花、たけのこを平らに並べ、塩、
こしょうを振る。その上にたいをのせ、バター、
分量の水を入れ、ふたをして強めの中火にかける。
沸いてきたら中火にし、5 分ほど蒸し煮にして、
たいに火を通す。

071

きのこと鶏肉、麦のエチュベ

Poulet au blé et aux champignons

食感のアクセントにもなっている麦が鶏肉ときのこのうまみを
十分吸い込み、一口ごとにおいしさが広がります。
加熱によってとろみが出たきのこ、ふっくらと仕上がった鶏肉も美味。

材料（2〜3人分）
しめじ、マッシュルーム、しいたけ
　　…各1パック（300g）
鶏もも肉（皮なし）…大1枚（300g）
麦（押し麦、丸麦、もち麦など）…45g
A
　｜ 塩…小さじ⅓
　｜ こしょう…少々

バター…15g
水…⅓カップ
塩、こしょう…各適量
粗びき黒こしょう…適量

❶ 麦を炊く
鍋に麦、水2½カップ（分量外）を入れ、中火に
かける。沸いたら弱火にし10〜20分煮てアル
デンテにゆで、ざるに上げて湯をきる。

❷ 下ごしらえ
きのこ類は石づきを落とし、食べやすい大きさに
切る。鶏肉は筋と余分な脂を取り除いて一口大に
切り、Aをすり込む。

❸ フライパンに入れ、蒸し煮にする
フライパンに①、②、バター、分量の水を入れ、
ふたをして強めの中火にかける。沸いてきたら中
火にして8分ほど蒸し煮にし、塩、こしょうで
調味する。

❹ 仕上げ
器に盛り、粗びき黒こしょうを振る。

りんごと豚肉のエチュベ
サワークリーム添え

Échine de porc aux pommes à l'étouffée

材料すべてを一度に入れて蒸し煮にするだけで完成です。
仕上げにサワークリームをのせ、溶かしながら食べましょう。
りんごのほのかな甘味と酸味が豚肉とよく合います。

材料（2〜3人分）
豚肩ロース肉（かたまり）… 400g
りんご（紅玉など）… 2個
A
　塩… 小さじ2/3
　こしょう… 少々

バター… 10g
水… 1/3カップ
レモン（国産）… 1cm幅の輪切り2枚
ローリエ… 1枚
塩、こしょう… 各適量
サワークリーム… 大さじ2
粗びき黒こしょう… 適量

❶ 下ごしらえ
豚肉は1.5cm幅に切りAをすり込む。りんごは
皮と芯を取り除き、くし形に切る。

❷ フライパンに入れ、蒸し煮にする
フライパンに①、バター、分量の水、レモン、ロー
リエを入れ、ふたをして強めの中火にかける。沸
いてきたら中火にして8分ほど蒸し煮にする。

❸ 仕上げ
ふたを取って蒸し汁を軽く煮詰め、塩、こしょう
で調味する。器に盛り、サワークリームをのせ、
粗びき黒こしょうを振る。

075

牛肉とれんこんのエチュベ アジアン仕立て

Salade de bœuf asiatique aux racines de lotus et coriandre fraiche

火通りが早く、加熱しすぎるとかたくなる牛肉は、
野菜の上にのせて短時間で加熱するのがコツです。
大振りに切ったれんこんとくるみのコリコリ感も楽しい。

材料（2〜3人分）
牛薄切り肉（すき焼き用）…250g
紫玉ねぎ…1個
れんこん…100g
A
　塩…小さじ1/3
　こしょう…少々

コリアンダー（粒）…小さじ1
赤唐辛子（種を取って輪切り）…小1/2〜1本
オリーブ油…大さじ1
塩…小さじ1/3
水…1/4カップ
香菜（刻む）…適量
くるみ（刻む）…大さじ1

❶ 下ごしらえ
牛肉は食べやすい大きさに切り、Aをなじませる。紫玉ねぎはくし形に切る。れんこんは薄めの乱切りにする。

❷ スパイスを炒める
フライパンにコリアンダー、赤唐辛子、オリーブ油を入れて中火にかける。シュワシュワといってきたら紫玉ねぎ、れんこん、塩を入れて混ぜ、全体に油と塩をからめながら火を入れる。
※好みで、野菜に振る塩をナンプラーにしても。

❸ 牛肉をのせ、蒸し煮にする
いったん火を止め、その上に牛肉を広げ、分量の水を加え、ふたをして強めの中火にかける。沸いてきたら中火にして1分30秒〜2分蒸し煮にする。

❹ 仕上げ
器に野菜と肉を盛り、蒸し汁をかける。香菜をのせ、くるみを散らす。

Point
スパイスは油で炒めて香りと辛味を引き出す（左）。
火が通りやすい牛肉は、野菜の上にのせる（右）。

野菜のペイザンヌ
Poêlée campagnarde

クタクタになるまでじっくりと蒸し煮にした野菜、
そのうまみを十分に吸い込んだパンは、エンドレスで食べたくなる味。
仕上げに卵を落とし、からめながらいただきましょう。

材料（3〜4人分）
セロリ…2本
玉ねぎ…1個
キャベツ…300g（約¼個）
トマト…1個
かぶ…1個
にんにく（薄切り）…1かけ
フランスパン…1.5cm厚さ2切れ
卵…2個
オリーブ油…大さじ4
水…½カップ
塩…小さじ⅔
こしょう…少々

❶ 下ごしらえ
セロリは筋を取り、5mm幅に切り、葉はざく切りにする。玉ねぎは薄切り、キャベツとトマトはざく切り、かぶは角切りにする。

❷ 鍋に入れ、蒸し煮にする
鍋（またはフライパン）にオリーブ油、セロリ、玉ねぎ、にんにくを入れて中火にかけ、さっと炒める。残りの野菜、分量の水を加えてふたをし、沸いてきたら弱火にして約30分、野菜がくたくたになるまで蒸し煮にし、塩、こしょうで調味する。途中、水気がなくなって焦げそうになったら水を足す。

❸ 仕上げ
パンを角切りにして加え、パンが煮くずれたら卵を割り入れ、ふたをしてさっと煮て半熟に仕上げる。

Point
この料理は、もともとは固くなったパンをおいしく食べるために考えられたもの。
パンは加熱途中で加え、野菜から出たうまみを吸い込ませる。

ひよこ豆と手羽中のエチュベ
セージバター風味

Ailerons de poulet aux pois chiches et à la sauge

さわやかさ & ほろ苦さを持つセージは、バターと相性抜群。
ホクホクのひよこ豆と手羽中のいいアクセントになります。
包丁なしで作れるのもうれしい、お手軽エチュベ。

材料（2〜3人分）
ひよこ豆（水煮）… 200g
手羽中… 6本
A
| 塩… 小さじ ½
| こしょう… 少々

セージ※… 4〜6枚
バター… 15g
水… ½ カップ
塩、粗びき黒こしょう… 各適量
※なければローリエやタイムでも。

① **下ごしらえ**
ひよこ豆はさっと水洗いし、ざるに上げて水気を
きる。手羽中は **A** をすり込む。

② **フライパンに入れ、蒸し煮にする**
フライパンに①、セージ、バター、分量の水を
入れ、ふたをして強めの中火にかける。沸いてき
たら弱火にして 10 分ほど蒸し煮にする。

③ **仕上げ**
ふたを取って蒸し汁を軽く煮詰め、塩、粗びき黒
こしょうで調味する。

column 2
「エチュベ」のある食卓
テーブルエチュベ

エチュベは短時間で作れるうえ、塩、こしょう、オイルのシンプルな味つけでフライパンや鍋が汚れにくいという便利な調理法です。そこで思いついたのが、テーブル上で仕上げて食べる「テーブルエチュベ」。好きな野菜をエチュベして熱いうちに食べ、同じ鍋で別の野菜をエチュベして……。日本の鍋感覚で、ゲストも一緒に作りながら食べると盛り上がること間違いなし。卓上コンロを使ってテーブル上でエチュベしても、またはキッチンで仕上げて鍋ごとテーブルへ運んでも。

Menu

レタス、セロリとえびのエチュベ
きのことじゃがいものチーズエチュベ
ローストビーフのタルタル
ミニトマトのピクルス

082　Étuvée

1回目のエチュベ

2回目のエチュベ

レタス、セロリと
えびのエチュベ

Salade iceberg et céleri aux crevettes à l'étuvée

材料（3人分）
レタス…½個
セロリ…1本
えび（殻つき）…中10尾
バター…15g
水…⅓カップ
塩、こしょう…各適量

❶ 下ごしらえ
レタスは1枚ずつはがして水につけてパリッとさせ、水気をしっかりきって食べやすくちぎる。セロリは筋を取り、5〜6cm長さに切る。えびは尾を残して殻をむき、背ワタを取る。ボウルに入れ、片栗粉小さじ1と少量の水（ともに分量外）を加えてよく混ぜ、片栗粉がグレーになったら水洗いし、水気をきる。

❷ フライパンに入れ、蒸し煮にする
鍋やフライパンに①、バター、分量の水を入れ、ふたをして強めの中火にかける。沸いてきたら中火にし、4〜5分蒸し煮にして、塩、こしょうで調味する。

きのことじゃがいもの
チーズエチュベ

Poêlée paysanne au fromage

材料（3人分）
じゃがいも…2個
しめじ…1パック
マッシュルーム…1パック
チーズ（ピザ用チーズ、ブルーチーズ、
　モッツァレラ、カマンベールなど）…各適量
オリーブ油…大さじ1
水…½カップ
塩、こしょう…各適量
粗びき黒こしょう…適量

❶ 下ごしらえ
じゃがいもは7mm厚さの半月切りにする。きのこ類は石づきを落とし、食べやすい大きさに切る。チーズは大きいものは切る。

❷ フライパンに入れ、蒸し煮にする
「レタス、セロリとえびのエチュベ」で使った鍋やフライパンをペーパータオルできれいに拭き、①の野菜、オリーブ油、分量の水、塩、こしょうを入れ、ふたをして強めの中火にかける。沸いてきたら中火にし、5〜6分蒸し煮にしてチーズを散らし、ふたをしてチーズが溶けるまで加熱する。仕上げに粗びき黒こしょうを振る。

ローストビーフの タルタル

Tartare de Roast-beef

材料（3人分）
ローストビーフ（市販）…150g

【タルタルソース】
玉ねぎ（みじん切り）…大さじ2
コルニッション（みじん切り）、
　パセリ（みじん切り）…各大さじ2
ケッパー（みじん切り）…大さじ½
フレンチマスタード…大さじ½
オリーブ油…大さじ1〜2
塩、こしょう…各適量

❶ **下ごしらえ**
ローストビーフは粗みじん切りにする。

❷ **ソースを作る**
ボウルに材料すべてを入れ、混ぜ合わせる。

❸ **あえる**
②に①を加え、あえる。フランスパンなどにつけて食べる。

ミニトマトの ピクルス

Pickles de tomate cerise

材料（作りやすい分量）
ミニトマト…20個

【ピクルス液】
米酢…大さじ4
砂糖…大さじ3
水…大さじ4
ローリエ…1枚
塩…小さじ⅔
こしょう…少々

❶ **ピクルス液を作る**
鍋に材料すべてを入れて火にかけ、煮立ったら火を止める。粗熱が取れたら保存容器に入れ、冷ます。

❷ **下ごしらえ**
ミニトマトはへたを取って洗い、竹串で1個につき5か所ほど穴をあける。

❸ **つける**
①に②のトマトを入れ、半日以上つける。
※冷蔵庫で5日ほど保存可。

3
Braiser
ブレゼ

味のついた液体で具材を蒸しながら、
同時にソースを作る。
ソースをかけて食べるブレゼは、
例えるなら、フランス版「煮つけ」です。

ブレゼは、味つきのスープで具材を蒸す方法です。かたまり肉に使うことが多く、
ごちそう感のある料理を作りたいときにもよく使われます。少ない水分で蒸し煮
にするので、かたまり肉が驚くほどやわらかく仕上がります。

ブレゼは、味のついたスープ（この本では「ブレゼ液」と呼んでいます）を作り、
その上に具材をのせ、具材がスープの中で半身浴のような状態になるようにして
ふたをして蒸し上げます。ブレゼ液につかっている具材の下半分は煮ることにな
り、ブレゼ液から顔を出している上半分は蒸気で蒸されます。ブレゼ液から作ら
れる蒸気で蒸すので、その味をまといながら具材のうまみを閉じ込める。そして、
ブレゼ液は具材を蒸している間に煮詰められ、ソースになる。つまり、具材を蒸す、
ソースを作る、の2つが鍋の中で同時に行われるのです。

ブレゼは、和食に例えるなら「魚の煮つけ」。魚の煮つけは、魚をふっくらと煮
ながら煮汁を煮詰め、煮汁をつけて食べる料理。決して煮汁の味を魚の中まで染
み込ませる必要はありません。逆に煮汁の味が染み込むほど火を通したのでは、
魚はかたくなってしまいます。ブレゼも同様に、ふっくらと蒸した具材に煮詰まっ
たブレゼ液＝ソースをかけて食べます。

フランスのブレゼは、厚手の鍋をオーブンに入れてじっくりと火を通して作りま
すが、この本では鍋だけで仕上げられるようなレシピにしました。ボリュームの
ある食材を使う料理が得意なので、おもてなしメニューとしても大活躍してくれ
ます。

Braiser
「ブレゼ」の基本の作り方

1
具材を焼きつけ、取り出す

油を熱した鍋に具材を入れて表面に焼き色をつけ、取り出す。香ばしくする、うまみを閉じ込めるのが目的。加熱によってかたくなりやすい魚介は焼きつけない。また、蒸し煮時間が短い料理はフライパンでもよい。

2
野菜を炒める

同じ鍋で野菜をしんなりするまで弱火で炒める。鍋に肉や魚の脂が出ている場合は、ペーパータオルで取ってから炒めるとよい（ただし、鍋に焼きついているうまみは残したいので、ポンポンと押さえる程度に）。

3
ブレゼ液を作る

調味料やワインを加え、ブレゼ液を作る。この液体が、4で具材を蒸し煮にするときに同時に煮詰まり、ソースへと変化する。

4
具材を戻し入れ、ふたをして蒸す

1を戻し入れ、ふたをして弱火にかける。途中、何度か確認し、煮詰まって焦げつきそうなら水適量を足す。蒸し上がりのブレゼ液の濃度が薄い場合は、具材を取り出し、ブレゼ液を煮詰めてほどよい濃度をつけ、ソースにして具材にかける。

豚肩ロース肉と野菜のブレゼ

Échine de porc braisée au legume

かたまり肉のうまみが逃げずにやわらかく仕上がるのは、
少ない水分で蒸し煮にしているから！
野菜たっぷりのソースをかけたら、いうことなしのごちそうです。

材料（2〜3人分）
豚肩ロース肉（かたまり）… 400g
玉ねぎ… 1個
にんじん… 小1本
セロリ… ½本
にんにく（薄切り）… 1かけ
A
| 塩… 小さじ⅔
| こしょう… 少々

サラダ油… 小さじ1
オリーブ油… 大さじ2
白ワイン… ½カップ
水… 1カップ
タイム、ローリエ… 各適量
塩、こしょう… 各適量

❶ 下ごしらえ
豚肉はAをすり込み、ラップに包んで冷蔵庫に半日（4〜6時間）ほどおく（その状態で、冷蔵庫で2日ほど保存可）。玉ねぎ、にんじん、セロリは5mm幅の薄切りにする。

❷ 肉を焼きつける
鍋にサラダ油を熱し、豚肉を入れて強めの中火で焼き、全面にこんがりとした焼き色がついたら取り出す。

❸ 野菜を炒め、ブレゼ液を作る
②の鍋の余分な脂をペーパータオルで押さえて取り除き、オリーブ油、①の野菜、にんにくを入れ、弱火で炒める。野菜がしんなりしてきたら白ワインを加え、強火にしてしっかり煮立たせてアルコール分を飛ばし、分量の水、タイム、ローリエを加える。

❹ 肉を戻し入れ、ふたをして蒸し煮にする
②の豚肉を戻し入れ、煮立ったらふたをして極弱火で40分ほど蒸し煮にする。途中、1〜2度確認し、煮詰まって焦げつきそうなら水適量を足す。豚肉に火が通ったら、取り出す。

❺ ブレゼ液を煮詰める
鍋中のブレゼ液はふたをしないで強火にかけ、ほどよく煮詰まったら塩、こしょうで味を調える。

❻ 仕上げ
豚肉は食べやすく切って器に盛り、⑤のソースをかける。

手羽元と玉ねぎ、セロリ、トマトのタジン風

Tajine de pilon de poulet

レモンとオリーブ、トマトのさわやかな酸味とうまみが広がるのはタジンならでは。
それらの風味を手羽元がぐぐっと吸い込み、おいしくなります。
セロリは火を通すとおいしいので、存在感があるくらいに大きめに切るのがおすすめ。

材料（2〜3人分）
手羽元…8〜10本（600g）
セロリ…1本
玉ねぎ…1個
トマト…大1個（200g）
にんにく（薄切り）…1かけ
レモン（国産）…輪切り2枚
オリーブ（緑・種なし）…8粒
ドライいちじく（刻む）…1〜2個
A
　塩…小さじ⅔
　こしょう…少々

サラダ油…大さじ½
オリーブ油…大さじ1½
水…¾カップ
塩、こしょう…各適量

❶ 下ごしらえ
手羽元はAをすり込む（時間に余裕がある場合は、Aをすり込んでラップに包み、冷蔵庫で半日おくのがおすすめ。その状態で、冷蔵庫で2日ほど保存可）。セロリは筋を取って大きめの乱切り、玉ねぎはくし形切り、トマトはざく切りにする。

❷ 肉を焼きつける
鍋にサラダ油を熱し、手羽元を入れて強めの中火で焼き、全面にこんがりとした焼き色がついたら取り出す。

❸ 野菜を炒め、ブレゼ液を作る
②の鍋の余分な脂をペーパータオルで押さえて取り除き、オリーブ油、にんにく、セロリ、玉ねぎを入れ、焦がさないように弱火で炒める。しんなりしてきたらトマトを加えてさらに2分ほど炒め、分量の水、こしょう少々、レモン、オリーブ、いちじくを加えて中火にする。

❹ 肉を戻し入れ、ふたをして蒸し煮にする
②の手羽元を戻し入れ、煮立ったらふたをして弱火で15分ほど蒸し煮にする。途中、1〜2度確認し、煮詰まって焦げつきそうなら水適量を足す。手羽元に火が通ったら取り出し、器に盛る。

❺ ブレゼ液を煮詰め、仕上げる
鍋中のブレゼ液はふたをしないで強火にかけ、ほどよく煮詰まったら塩、こしょうで味を調え、手羽元にかける。

骨つき鶏もも肉と栗のブレゼ
Cuisse de poulet braisée aux châtaignes

鶏肉に栗とマッシュルームを加えた、秋っぽい一品。
鶏肉は塩こしょうをすり込んで半日以上おくと、
うまみが凝縮されてよりおいしくなります。

材料（2〜3人分）
骨つき鶏もも肉…2本（600g）
甘栗（むいたもの）…100g
マッシュルーム…2パック
玉ねぎ…1個
A
　塩…小さじ½
　こしょう…少々

小麦粉…適量
サラダ油…大さじ½
バター…10g
白ワイン…½カップ
水…1カップ
ローリエ…1枚
塩、こしょう…各適量

❶ 下ごしらえ
鶏肉は関節で2つに切り、Aをすり込む（時間に余裕がある場合は、Aをすり込んでラップに包み、冷蔵庫で半日おくのがおすすめ。その状態で、冷蔵庫で2日ほど保存可）。マッシュルームは石づきを落として半分に切り、玉ねぎは薄切りにする。

❷ 肉を焼きつける
鶏肉は焼く直前に小麦粉を薄くまぶす。鍋にサラダ油を熱し、鶏肉を入れて強めの中火で焼き、両面にこんがりとした焼き色がついたら取り出す。

❸ 野菜を炒め、ブレゼ液を作る
②の鍋の余分な脂をペーパータオルで押さえて取り除き、バター、玉ねぎを入れ、弱火で炒める。しんなりして少し茶色く色づいてきたらマッシュルームを加えてさっと炒め、白ワインを加える。強火にしてしっかり煮立ててアルコール分を飛ばし、分量の水、ローリエを加える。

❹ 肉を戻し入れ、ふたをして蒸し煮にする
②の鶏肉を戻し入れ、煮立ったらふたをして弱火で15分ほど蒸し煮にする。途中、1〜2度確認し、煮詰まって焦げつきそうなら水適量を足す。甘栗を加え、ひと煮立ちさせて火を止め、鶏肉を取り出して器に盛る。

❺ ブレゼ液を煮詰め、仕上げる
鍋中のブレゼ液はふたをしないで強火で煮詰め、とろみがついたら塩、こしょうで味を調え、鶏肉にかける。

Point
鶏肉は関節のところに包丁を入れると切りやすい（左）。
野菜が少なくブレゼ液にとろみがつきにくいので、
とろみをつけるために鶏肉に小麦粉をまぶす。
ただし、多すぎるとどろりとするため、
余分な粉ははたいて落とす（右）。

きのことくるみのチキンロール
Roulade de poulet aux noix, sauce aux champignons et aux cèpes

鶏肉をポルチーニのもどし汁で蒸し煮にするのがポイント。
鶏肉が豊かな香りをまとい、極上のソースができ上がります。
鶏肉の中から登場する、くるみのコリコリ感もおいしい！

材料（3人分）
鶏もも肉…2枚（500g）
くるみ（粗く刻む）…30g
ポルチーニ（乾燥）…3g
しめじ…100g
玉ねぎ…½個
A
| 塩…小さじ½
| こしょう…少々

サラダ油…小さじ2
白ワイン、生クリーム（乳脂肪分40％以上）
　…各⅓カップ
塩、こしょう…各適量
ローリエ…1枚

❶ 下ごしらえ
鶏肉は筋と余分な脂を取り除き、身の厚いところは切り込みを入れて広げ、厚みを均一にする。Aをすり込んで皮目を下にして置き、くるみの半量を均一に散らして手前から巻く。さらにタコ糸でぐるぐると巻いてロール状に形作る。同様にもう1本を作る。ポルチーニは熱湯¾カップ（分量外）につけてもどし、茶漉しなどで漉してきのこともどし汁に分け、身は粗く刻む。しめじは石づきを落とし、粗みじん切りにする。玉ねぎはみじん切りにする。

❷ 肉を焼きつける
鍋にサラダ油小さじ1を熱し、チキンロールを入れて強めの中火で焼き、全面にこんがりとした焼き色がついたら取り出す。

❸ 野菜を炒め、ブレゼ液を作る
②の鍋の余分な脂をペーパータオルで押さえて取り除き、サラダ油小さじ1、玉ねぎときのこを入れ、焦がさないように弱火で炒める。5分ほどしてしんなりしてきたら白ワインを加え、強火にしてしっかり煮立ててアルコール分を飛ばし、ポルチーニのもどし汁、こしょう少々、ローリエを加える。

❹ 肉を戻し入れ、ふたをして蒸し煮にする
②のチキンロールを戻し入れ、煮立ったらふたをして弱火で15分ほど蒸し煮にする。途中、1～2度確認し、煮詰まって焦げつきそうなら水適量を足す。鶏肉に火が通ったら取り出す。

❺ ブレゼ液を煮詰める
④のブレゼ液に生クリームを加え、強火で軽く煮詰めてとろみをつけ、塩、こしょうで味を調える。

❻ 仕上げ
チキンロールのタコ糸を外し、食べやすい厚さに切って器に盛り、⑤をかける。

Point
鶏肉は皮目を下にして置き、くるみを全体にのせ、
手前からくるくると巻く（左）。
ある程度しっかり、ただしキツく巻きすぎないのがコツ。
タコ糸をぐるぐると巻き、
端まで行ったら折り返してぐるぐる巻いて往復し、
タコ糸の先同士を結ぶ（右）。

豚薄切り肉のロール白菜
Roulade de chou chinois braisé à l'échine de porc

ロールキャベツのキャベツの代わりに白菜を使い、
ひき肉ではなく薄切り肉で手軽に作ります。
さらにベーコンを巻き、
カレー粉で風味をつけるとお子さんも好きな味に。

材料（2～3人分）
白菜（中ぐらいの葉）…4枚（400g）
豚肩ロース肉（薄切り）…8枚（250g）
ベーコン…4枚
玉ねぎ…½個
にんにく（薄切り）…1かけ
A
　塩、こしょう…各適量

サラダ油…大さじ½
白ワイン…⅓カップ
水…½カップ
カレー粉…小さじ1
ローリエ…1枚
塩、こしょう…各適量

① 下ごしらえ
白菜は熱湯でさっとゆで、粗熱を取る。玉ねぎはみじん切りにする。

② ロール白菜を作る
①の白菜を1枚ずつ、まな板に根元を手前に縦長に広げ、豚肉2枚ずつを縦長にのせ、Aを振り、手前からくるくる巻く。その上からベーコン1枚を巻く。

③ 野菜を炒める
鍋にサラダ油を熱し、玉ねぎ、にんにくを入れ、焦がさないように中火で2～3分炒める。しんなりしてきたら白ワインを加え、強火にしてしっかり煮立ててアルコール分を飛ばす。

④ ロール白菜を入れ、ふたをして蒸し煮にする
③に②の白菜の巻き終わりを下にして入れ、分量の水、カレー粉、ローリエを加える。煮立ったらふたをして弱火で15～20分蒸し煮にする。途中、1～2度確認し、煮詰まって焦げつきそうなら水適量を足す。ロール白菜がやわらかくなったら取り出し、器に盛る。

⑤ ブレゼ液を煮詰め、仕上げる
鍋中のブレゼ液はふたをしないで強火にかけ、ほどよく煮詰まったら塩、こしょうで味を調え、ロール白菜にかける。

Point

白菜に豚肉をのせ、手前から巻くだけ。
ひき肉を使うよりも簡単（左）。
白菜の上からベーコンを巻くと、
ボリュームアップ＆味出しになる（右）。

ひき肉のブーレット パプリカトマトソース

Boulette de viande à la basquaise

ブーレットとは、フランス語でだんごのこと。
ここではごろんと大きな肉だんごを作り、見た目もキュートな一皿に。
ピーマンの青い香りが心地よいので、ハーブ類はお好みで。

材料（2〜3人分）

【肉だんご】
合いびき肉… 300 g
玉ねぎ（みじん切り）… ½ 個
サラダ油… 小さじ 1
パン粉… 大さじ 3
牛乳… 大さじ 2
卵… ½ 個
塩… 小さじ ½
こしょう… 少々

【ブレゼ液】
トマトの水煮（ダイスカット缶）… 1 缶（400 g）
パプリカ… 1 個
ピーマン… 2 個
にんにく（薄切り）… 1 かけ
玉ねぎ（みじん切り）… ½ 個
オリーブ油… 大さじ 2
塩… 小さじ ½
こしょう… 少々

塩、こしょう… 各適量
パルミジャーノチーズ（かたまり。
　または粉チーズ）… 適宜

❶ 肉だんごを作る
耐熱皿に玉ねぎ、サラダ油を入れてからめ、ラップをかけて電子レンジで2分ほど加熱し、ラップを取って冷ます。ポリ袋にパン粉、牛乳、卵を入れて袋の外側から混ぜ、パン粉をふやかす。ひき肉、塩、こしょうを加え、よく練り混ぜる。レンジ加熱した玉ねぎを加えてさらに練り混ぜ、3等分にして大きなボール状に丸める。

❷ 野菜を炒め、ブレゼ液を作る
パプリカ、ピーマンは種とヘタを取り、縦7mm幅に切る。鍋にオリーブ油、にんにくを入れて中火で炒め、香りが出てきたら玉ねぎ、ピーマン、パプリカを加えて炒める。しんなりしてきたらトマトの水煮を加え、塩、こしょうを振ってざっと混ぜる。

❸ 肉だんごを入れ、ふたをして蒸し煮にする
②に①の肉だんごを入れ、煮立ったらふたをして弱火で12分ほど煮る。途中、1〜2度確認し、煮詰まって焦げつきそうなら水適量を足す。肉だんごを返し、再びふたをして3分ほど煮て、火が通ったら取り出して器に盛る。

❹ ブレゼ液を煮詰め、仕上げる
鍋中のブレゼ液はふたをしないで中火で煮詰め、とろみがついたら塩、こしょうで味を調える。肉だんごにかけ、好みでパルミジャーノチーズをすりおろしてかける。

→ 牛すね肉のブレゼ
(P.104)

→ スペアリブとじゃがいものミルクブレゼ
(P.105)

牛すね肉のブレゼ

Bœuf braisé

ビーフシチューのような味わいの蒸し煮です。
長時間加熱するとおいしいすね肉の蒸し煮は、煮たときよりもさらにとろーりやわらか。
マッシュポテトを添えたらよりごちそう感アップ。

材料（3〜4人分）
牛すね肉（80〜100gのもの）…8〜10個（800g）
玉ねぎ…1個
セロリ…1本
にんじん…小1本
にんにく（みじん切り）…1かけ
A
│ 塩…小さじ1
│ こしょう…少々

小麦粉…大さじ1
サラダ油…大さじ½
バター…15g
トマトペースト…大さじ1
赤ワイン…2カップ
塩、こしょう…各適量
タイム、ローリエ…各適量

マッシュポテト（P.035）…適量

❶ 下ごしらえ
玉ねぎ、セロリは薄切り、にんじんは薄いいちょう切りにする。牛すね肉は A をすり込み、焼く直前に小麦粉をまぶす。

❷ 肉を焼きつける
鍋にサラダ油を熱し、すね肉を入れて強めの中火で焼き、全面にこんがりとした焼き色がついたら取り出す。

❸ 野菜を炒め、ブレゼ液を作る
②の鍋の余分な脂をペーパータオルで押さえて取り除き、バターを入れて弱めの中火にかける。バターが溶けて泡立ってきたら①の野菜、にんにくを入れて炒め、しんなりして少し茶色く色づいてきたらトマトペーストを入れてざっと炒め、赤ワイン、こしょう、タイム、ローリエを加える。

❹ 肉を戻し入れ、ふたをして蒸し煮にする
②のすね肉を戻し入れて強火にし、煮立ったらふたをして弱火で1時間30分蒸し煮にする。途中、数回確認し、煮詰まって焦げつきそうなら水適量を足す。また、途中煮汁が少なくなりすぎたら（高さ2〜3cmくらいを保つ）、赤ワインまたは水を足す。すね肉がやわらかくなったら取り出し、器に盛ってマッシュポテトを添える。

❺ ブレゼ液を煮詰め、仕上げる
鍋中のブレゼ液はふたをしないで中火で煮詰め、とろみがついたら塩、こしょうで味を調え、すね肉にかける。

スペアリブとじゃがいものミルクブレゼ
Travers de porc braisé au lait

ブレゼ液に牛乳を使うのが、このブレゼの特徴。
肉のクセが取れるだけでなく、やわらかくなります。
煮詰めることでほろほろと固まった牛乳の食感も楽しい。

材料（3〜4人分）
スペアリブ…8個（800g）
じゃがいも（メークイン）…2個
玉ねぎ…1個
にんにく（薄切り）…1かけ
A
　塩…小さじ1
　こしょう…少々

サラダ油…小さじ1
牛乳…2カップ
ローリエ…1枚
塩、こしょう…各適量
粗びき黒こしょう…適宜

❶ 下ごしらえ
スペアリブはAをすり込む（時間に余裕がある場合は、Aをすり込んでラップに包み、冷蔵庫で半日おくのがおすすめ。その状態で、冷蔵庫で2日ほど保存可）。じゃがいもは3cm厚さの輪切り、玉ねぎは大きめのくし形に切る。

❷ 肉を焼きつける
鍋にサラダ油を熱し、スペアリブを並べて中火で全面を軽く焼きつけ（焼き色はあまりつけない）、取り出す。

❸ 野菜を炒め、ブレゼ液を作る
②の鍋の余分な脂をペーパータオルで押さえて取り除き、にんにく、玉ねぎを広げ、牛乳、ローリエを加え、強火にする。

❹ 肉を戻し入れ、ふたをして蒸し煮にする
②のスペアリブを戻し入れ、煮立ったらふたをして弱火で30分ほど蒸し煮にする。途中、1〜2度確認し、煮詰まって焦げつきそうなら水適量を足す。全体を軽く混ぜ、じゃがいもを加え、ふたをして20分ほど煮る。スペアリブ、じゃがいもに火が通ったら取り出し、器に盛る。

❺ ブレゼ液を煮詰め、仕上げる
鍋中のブレゼ液はふたをしないで中火にかけ、ほどよく煮詰まったら塩、こしょうで味を調え、具材にかける。好みで粗びき黒こしょうを振る。

Point
ブレゼ液の量は、スペアリブが半分ほど
液面から出ているくらいの状態で大丈夫。

シェーラソーシッスのカスレ風
Boulettes de porc façon "cassoulet"

シェーラソーシッスとは、直訳するとソーセージ用の肉。
ここでは手軽な皮なしソーセージを作り、いんげん豆などと一緒に蒸し煮に。
ホクホクの豆はずっと食べ続けられそうなやさしい味です。

材料（2〜3人分）
豚ひき肉…300g
セロリ…30g
玉ねぎ…½個（100g）
にんじん…70g
トマト…1個
白いんげん豆缶…1缶（400g・正味240g）
にんにく（薄切り）…1かけ
A
　塩…小さじ⅔
　砂糖…ひとつまみ
　こしょう…少々

オリーブ油…大さじ3
水…¾カップ
タイム、ローリエ…各適量
塩、こしょう…各適量

❶ 下ごしらえ
セロリは筋を取り、玉ねぎ、にんじんと共に7mm角に切る。トマトはざく切りにする。いんげん豆は汁気をきり、表面をさっと洗ってざるに上げ、水気をきる。

❷ シェーラソーシッスを作る
ポリ袋にひき肉、A、氷2〜3個を入れ、袋の外側から粘りが出るまで、手早くよく練り混ぜる。練り上がったら氷を取り出す。

❸ 野菜を炒め、ブレゼ液を作る
鍋にオリーブ油を熱し、にんにく、セロリ、玉ねぎ、にんじんを入れて弱めの中火で炒める。5分ほどしたらトマトを加えてさっと炒め、いんげん豆、分量の水、タイム、ローリエ、塩小さじ⅓を入れてざっと混ぜ、火を止める。

❹ 肉を入れ、ふたをして蒸し煮にする
❷をスプーンで一口大に丸めて❸に入れて強火にかけ、煮立ったらふたをして弱火で15分ほど蒸し煮にする。途中、1〜2度確認し、煮詰まって焦げつきそうなら水適量を足す。肉に火が通ったら取り出し、器に盛る。

❺ ブレゼ液を煮詰め、仕上げる
鍋中のブレゼ液はふたをしないで中火にかけ、ほどよく煮詰まったら塩、こしょうで味を調え、肉にかける。

Point
肉だねと一緒に氷を入れるのは、
肉の脂が溶け出てパサパサになるのを防ぐため。
手の温度でも脂が溶けるので、ポリ袋に入れて手早く作業する。

サーモンとマッシュルーム、ねぎのミルクブレゼ

Pavé de saumon braisé au lait

サーモンとよく合う、クリーム味の組み合わせ。
鮭と違ってサーモンには脂があるので、生クリームではなく牛乳を使います。
魚を加えるタイミングで一緒に入れてOK。

材料（2〜3人分）
サーモンの切り身…2〜3切れ（300g）
マッシュルーム…1パック
ねぎ…½本
にんにく（薄切り）…小1かけ
A
| 塩…小さじ1
| こしょう…少々

バター…10g
牛乳…1カップ
塩、こしょう…各適量
粗びき黒こしょう…適宜

❶ 下ごしらえ
サーモンはAの塩をすり込み、ラップをかけて冷蔵庫に入れる。10分ほどしたらさっと水洗いして水気をペーパータオルでよく拭き、Aのこしょうを振る。マッシュルームは石づきを落として薄切り、ねぎは1cm幅の小口切りにする。

❷ 野菜を炒める
鍋にバターを入れて弱めの中火にかけ、溶けて泡立ってきたらマッシュルーム、ねぎ、にんにくを入れて焦がさないように中火で2分ほど炒める。

❸ 魚を入れ、ふたをして蒸し煮にする
しんなりしたら牛乳を入れ、サーモンを加える。煮立ったらふたをして5分ほど蒸し煮にする。サーモンに火が通ったら取り出し、器に盛る。

❹ ブレゼ液を煮詰め、仕上げる
鍋中のブレゼ液はふたをしないで中火にかけ、ほどよく煮詰まったら塩、こしょうで味を調え、サーモンにかける。好みで粗びき黒こしょうを振る。

さわらと野菜のビネガーブレゼ
Thazard braisé au vin blanc

魚の酢煮のフレンチ版といったところでしょうか。
コリアンダーの甘くさわやかな香り、ワインビネガーのまろやかさが
魚をさっぱりと食べやすくしてくれます。

材料（2〜3人分）
さわら…2〜3切れ（300g）
玉ねぎ…½個
セロリ…20g
にんじん…30g
A
　塩…小さじ1
　こしょう…少々

オリーブ油…大さじ1½
コリアンダーシード…小さじ⅔
白ワイン…大さじ4
赤ワインビネガー…大さじ1
水…¾カップ
塩、こしょう…各適量
ハーブ（イタリアンパセリなど好みのもの）
　…適量

❶ 下ごしらえ
さわらはAの塩をすり込み、ラップをかけて冷蔵庫に入れる。10分ほどしたらさっと水洗いし、水気をペーパータオルでよく拭き、Aのこしょうを振る。玉ねぎ、セロリは薄切り、にんじんは薄い輪切りにする。

❷ 野菜を炒め、ブレゼ液を作る
鍋にオリーブ油、コリアンダーを入れて中火にかけ、油が温まって香りが出たら①の野菜を入れて炒める。しんなりしたら白ワインを入れてひと煮立ちさせ、赤ワインビネガー、分量の水を加えてざっと混ぜる。

❸ 魚を入れ、ふたをして蒸し煮にする
さわらを入れ、煮立ったらふたをして5分ほど蒸し煮にする。さわらに火が通ったら取り出し、器に盛る。

❹ ブレゼ液を煮詰め、仕上げる
鍋中のブレゼ液はふたをしないで中火にかけ、ほどよく煮詰まったら塩、こしょうで味を調え、さわらにかけてハーブをのせる。

Point
玉ねぎ、セロリ、にんじんを炒めて
うまみを引き出したところに、
ワインやワインビネガーなどを加えてブレゼ液を作る。

大根と豚バラ肉のブレゼ

Radis blanc braisé aux lardons

豚バラ肉やドライトマト、アンチョビーを味出しに使った、
ふろふき大根のブレゼ風です。
いろいろなうまみが口の中で交錯し、そのやわらかさはとろけるよう。

材料（2〜3人分）
大根… 350 〜 400g（8 〜 10cm）
ねぎ… 1 本
豚バラ肉（ブロック）… 150g
ドライトマト… 2 個（10g）
アンチョビーフィレ（刻む）… 1 枚
オリーブ油… 大さじ 1
水… 1½ カップ
塩、こしょう… 各適量
粗びき黒こしょう… 適宜

❶ 下ごしらえ
ドライトマトはぬるま湯に 3 分ほどつけてやわ
らかくし、粗く刻む。大根は縦 4 等分に切り、ね
ぎは斜めに切る。豚肉は 1cm 角の棒状に切る。

❷ 野菜、肉を炒め、ブレゼ液を作る
鍋にオリーブ油を熱し、豚肉、ねぎを入れて中火
で炒める。3 分ほどしたらドライトマト、アンチョ
ビー、分量の水、塩小さじ ½ を入れてざっと混
ぜる。

❸ 大根を入れ、ふたをして蒸し煮にする
大根を入れ、煮立ったらふたをして弱火で 20 〜
30 分蒸し煮にする。途中、1 〜 2 度確認し、煮
詰まって焦げつきそうなら水適量を足す。大根に
竹串がスーッと通ったら取り出し、器に盛る。

❹ ブレゼ液を煮詰め、仕上げる
鍋中のブレゼ液はふたをしないで中火にかけ、ほ
どよく煮詰まったら塩、こしょうで味を調え、大
根にかける。好みで粗びき黒こしょうを振る。

紫キャベツとりんごのブレゼ

Chou rouge braisé aux pommes

目の覚めるような鮮やかな紫色がおしゃれ感を演出。
紫キャベツの酢煮は、ビストロでもおなじみですが、
蒸し煮なら短時間で完成します。肉料理のつけ合わせにも。

材料（2〜3人分）
紫キャベツ…小½個（400g）
りんご（紅玉など）…1個
玉ねぎ…½個
セロリ…50g
ドライプルーン（種なし）…5〜6個
バター…15g
白ワイン…1カップ
コリアンダーシード…小さじ⅔
塩、こしょう…各適量
赤ワインビネガー（または酢）…大さじ1

❶ 下ごしらえ
紫キャベツは芯をつけたまま縦3等分のくし形に切る。りんごは皮と芯を取り除き、6等分のくし形に切る。玉ねぎは薄切り、セロリは筋を取って斜めに薄く切る。

❷ 野菜を炒め、ブレゼ液を作る
鍋にバターを入れて弱めの中火にかけ、溶けて泡立ってきたら玉ねぎ、セロリを入れて中火でさっと炒め、白ワイン、コリアンダー、塩小さじ1を入れてざっと混ぜる。

❸ 具材を入れ、ふたをして蒸し煮にする
キャベツ、りんご、プルーンを入れ、煮立ったらふたをして弱めの中火で8分ほど蒸し煮にする。赤ワインビネガーを加えてざっと混ぜ、ふたをしないでさらに5分ほど煮る。キャベツ、りんごがやわらかくなったら取り出し、器に盛る。

❹ ブレゼ液を煮詰め、仕上げる
鍋中のブレゼ液はふたをしないで中火にかけ、ほどよく煮詰まったら塩、こしょうで味を調え、キャベツ、りんごにかける。

にんじんとセロリのクリームブレゼ

Carotte et céleri sauce à la crème

蒸し煮にしたにんじんは甘みが強く、セロリはホクホクとおいしい。
バターや生クリームのコクも手伝い、
肉や魚が入っていなくても主役級の味わいです。

材料（2～3人分）
セロリ…2本
にんじん…2本
玉ねぎ…½個（100g）
バター…10g
白ワイン…⅓カップ
水…1カップ
塩、こしょう…各適量
生クリーム（乳脂肪分40％以上）
　…½カップ
ディル（刻む）…適量

❶ 下ごしらえ
セロリは筋を取り、にんじんと共に大きめの乱切りにする。玉ねぎは薄切りにする。

❷ 野菜を炒め、ブレゼ液を作る
鍋にバターを入れて弱めの中火にかけ、溶けて泡立ってきたら玉ねぎを入れて焦がさないように炒める。2分ほどしてしんなりしたら白ワインを入れて強火でひと煮立ちさせ、分量の水、塩小さじ½を加えてざっと混ぜる。

❸ 野菜を入れ、ふたをして蒸し煮にする
にんじん、セロリを入れ、煮立ったらふたをして弱火で20～30分蒸し煮にする。にんじんに竹串がスーッと通ったら生クリームを加え、ふたをしないで1～2分煮る。にんじん、セロリを取り出し、器に盛る。

❹ ブレゼ液を煮詰め、仕上げる
鍋中のブレゼ液はふたをしないで中火で煮詰め、とろみがついたら塩、こしょうで味を調える。にんじん、セロリにかけ、ディルを添える。

丸ごと玉ねぎのオニオンソース
Oignons braisés

茶色くなるまでじっくり炒めたオニオングラタンスープ風の甘味と
丸ごと蒸し煮にしたジューシーな玉ねぎ。
その両方の味を同時に楽しめる、ちょっと贅沢な一品です。

材料（2〜3人分）
玉ねぎ（ソース用）…3個
玉ねぎ…小4個（400g）
にんにく（薄切り）…1かけ
サラダ油…大さじ1
白ワイン…1/3カップ
水…1/2カップ
塩、こしょう…各適量
バター…10g

① 下ごしらえ
ソース用の玉ねぎは薄切りに、小さい玉ねぎは皮をむく。

② 野菜を炒める
鍋にサラダ油、にんにくを入れて中火で炒め、香りが出てきたら薄切りの玉ねぎを加えて全体を混ぜ合わせる。水1/3カップ（分量外）を加え、煮立ったらふたをして弱火にかける。5分ほど蒸し煮にしたら混ぜる、を繰り返して計15分ほど蒸し煮にする。全体がしんなりしてカサが半量ほどになったら、ふたを取って中火で炒める。鍋底に焦げがついたら少量の水（分量外）を加え、鍋についた焦げをこそげ取る、を繰り返し、全体が茶色になるまで炒める。

③ ブレゼ液を作る
②に白ワインを加えてひと煮立ちさせ、分量の水、塩小さじ1/2、こしょう、バターを入れてざっと混ぜる。

④ 玉ねぎを入れ、ふたをして蒸し煮にする
小さい玉ねぎを入れ、煮立ったらふたをして弱火で20〜30分蒸し煮にする。途中、1〜2度確認し、煮詰まって焦げつきそうなら水適量を足す。玉ねぎに竹串がスーッと通ったら取り出し、器に盛る。

⑤ ブレゼ液を煮詰め、仕上げる
鍋中のブレゼ液はふたをしないで中火で煮詰め、塩、こしょうで味を調え、玉ねぎにかける。

Point
玉ねぎがこのくらいの色になるまで
じっくり炒める（左）。
茶色くなるまで炒めた玉ねぎに、
丸ごとの玉ねぎをのせてふたをして蒸し煮にする（右）。

長いものブレゼ　赤ワインソース

Igname braisé au vin rouge

長いもは加熱すると、生とは全く違う食感が楽しめます。
玉ねぎ、しいたけ、ベーコンを味出しに使い、
さらに赤ワインとほんの少しのデミグラスソースでコクも倍増。

材料（2〜3人分）
長いも…250g
玉ねぎ…½個
しいたけ…2枚
ベーコン（ブロック）…50g
バター…10g
赤ワイン…1カップ
デミグラスソース（市販）…50g
タイム…少々
ローリエ…1枚
塩、こしょう…各適量
イタリアンパセリ…適宜

❶ 下ごしらえ
長いもは大きめの乱切りにする。玉ねぎはみじん切り、しいたけは石づきを落として薄切りにする。ベーコンは7mm角の棒状に切る。

❷ 野菜を炒め、ブレゼ液を作る
鍋にバターを入れて弱めの中火にかけ、溶けて泡立ってきたら玉ねぎ、ベーコン、しいたけを入れて炒める。3分ほどしたら赤ワイン、デミグラスソース、タイム、ローリエ、塩小さじ½、こしょうを入れてざっと混ぜる。

❸ 長いもを入れ、ふたをして蒸し煮にする
長いもを入れて強火にかけ、煮立ったらふたをして弱火で10〜15分蒸し煮にする。途中、1〜2度確認し、煮詰まって焦げつきそうなら水適量を足す。長いもがやわらかくなったら取り出し、器に盛る。

❹ ブレゼ液を煮詰め、仕上げる
鍋中のブレゼ液はふたをしないで中火で煮詰め、とろみがついたら塩、こしょうで味を調え、長いもにかける。好みでイタリアンパセリをのせる。

column 3
「ブレゼ」のある食卓
おもてなし

ブレゼはかたまり肉を蒸すのが得意、しかもソースも同時に作れる調理法なので、おもてなしに大活躍します。オレンジ果汁と皮を入れたブレゼ液で蒸し、ソースにしたら！　とってもおしゃれなのに、実はそれほど手間がかからないのがうれしいですよね。ここではエチュベにした野菜をつけ合わせにしましたが、ベビーリーフなどを添えるだけでもいいでしょう。簡単なサラダとディップを添えたら、ゴージャスなおもてなし料理の完成です。

Menu

鴨ロースのオレンジブレゼ
マッシュルームのサラダ
さば缶とクリームチーズのディップ

鴨ロースのオレンジブレゼ
Magret de canard à l'orange

材料（2〜3人分）
鴨ロース肉…1枚（300g）
オレンジの皮…½個分
A
　塩、こしょう…各少々

サラダ油…小さじ1
砂糖、赤ワインビネガー…各大さじ1
水…大さじ½
オレンジ果汁…1カップ
塩、こしょう…各適量
バター…15g
白い野菜のエチュベ（P.060）…全量

❶ 下ごしらえ
鴨肉は皮目に格子状の切り込みを入れ、Aをすり込む。オレンジの皮は薄くむき、せん切りにする。小鍋にオレンジの皮、水適量（分量外）を入れ、中火で3分ゆで、水気をきる。

❷ 肉を焼きつける
鋳物またはステンレス製の鍋にサラダ油を熱し、鴨肉の皮目を下にして入れて強めの中火で30秒焼き、皮面にこんがりとした焼き色がついたら返し、肉面をさっと焼いて取り出す。

❸ ブレゼ液を作る
②の鍋の余分な脂をペーパータオルで押さえて取り除き、砂糖、分量の水を入れて混ぜ、中火にかける。ときどき混ぜ、しっかりと色づきカラメル状になったら火を止め、赤ワインビネガーを加える。全体を混ぜ、オレンジ果汁を加え、再び中火にかけてカラメルが溶けるまで混ぜながら火を通す。

❹ 肉を戻し入れ、ふたをして蒸し煮にする
③にオレンジの皮、②の鴨肉を入れて強火にし、煮立ったらふたをして中火で蒸し煮にする。3分ほどしたら鴨肉を返し、再びふたをして3分ほど蒸し煮にする。鴨肉の中央に金串を刺し、温かくなっていたら取り出し、アルミホイルに包んで6分ほどおく。

❺ ブレゼ液を煮詰め、仕上げる
鍋中のブレゼ液はふたをしないで中火にかけ、ほどよく煮詰まったら塩、こしょうで味を調える。火を止め、バターを入れて混ぜながら溶かす。④の鴨肉を切って器に並べ、ソースをかけ、白い野菜のエチュベを添える。

マッシュルームのサラダ
Salade de champignon de paris

材料（2〜3人分）
マッシュルーム（固いもの）…2パック
【パセリヴィネグレットソース】
赤ワインビネガー…小さじ2
フレンチマスタード…小さじ½
塩、こしょう…各適量
サラダ油…大さじ1½
パセリ（みじん切り）…小さじ1

❶ 下ごしらえ
マッシュルームはしっかり水洗いをして石づきを落とし、5mm幅に切る。

❷ ソースを作る
大きめのボウルに赤ワインビネガー、マスタード、塩、こしょうを入れてよく混ぜる。塩が溶けたらサラダ油を少しずつ加えてよく混ぜ、乳化したらパセリを加える。

❸ あえる
②に①を入れ、あえる。

さば缶と
クリームチーズのディップ
Rillettes de maquereau

材料（作りやすい分量）
さばの水煮缶…1缶（200g）
クリームチーズ…小2個（約40g）
塩、こしょう…各適量
フランスパン…適量
野菜（かぶ、セロリなど）…適量

❶ 下ごしらえ
クリームチーズは常温にもどし、やわらかくしておく。さば缶は汁気をしっかりきる。

❷ 仕上げる
ボウルにクリームチーズ、さば缶を入れ、フォークなどでほぐしながら混ぜ、塩、こしょうで味を調える。フランスパンや野菜に塗って食べる。

材料別INDEX
※薬味として使用している玉ねぎ、にんにくなどは除いています。

肉・肉の加工品

か 鴨肉
- 鴨ロースのオレンジブレゼ　P.122

き 牛肉
- アボカドの牛肉巻き蒸し　P.044
- 牛肉とれんこんのエチュベ　アジアン仕立て　P.076
- 牛すね肉のブレゼ　P.102

と 鶏肉
- 鶏もも肉と野菜のヴァプール　バジルソース　P.036
- 鶏ささ身のヴァプール　セロリバターソース　P.038
- アロマ鶏のサラダ　ハーブマヨネーズソース　P.042
- きのこと鶏肉、麦のエチュベ　P.072
- ひよこ豆と手羽中のエチュベ　セージバター風味　P.080
- 手羽元と玉ねぎ、セロリ、トマトのタジン風　P.092
- 骨つき鶏もも肉と栗のブレゼ　P.094
- きのことくるみのチキンロール　P.096

ひ ひき肉
- ひき肉団子のヴァプール　P.046
- ひき肉のプーレット　パプリカトマトソース　P.100
- シェーラソーシッスのカスレ風　P.106

ふ 豚肉
- 豚薄切り肉のバインミー風　P.040
- ひき肉団子のヴァプール　P.046
- ラヴィオリ シノワ ジャスミンティーソース　P.048
- 塩豚のヴァプール ラヴィゴットソース　P.052
- りんごと豚肉のエチュベ　サワークリーム添え　P.074
- 豚肩ロース肉と野菜のブレゼ　P.090
- 豚薄切り肉のロール白菜　P.098
- スペアリブとじゃがいものミルクブレゼ　P.103
- 大根と豚バラ肉のブレゼ　P.112

へ ベーコン
- マッシュポテトのベーコン添え　P.033
- 豚薄切り肉のロール白菜　P.098
- 長いものブレゼ　赤ワインソース　P.120

ろ ローストビーフ
- ローストビーフのタルタル　P.082

魚介・魚介の加工品

あ あさり
- じゃがいもとあさり、ドライトマトのエチュベ　P.068

え えび
- えびとアスパラガスのヴァプール　アイオリソース　P.014
- レタス、セロリとえびのエチュベ　P.082

か かき
- かきのヴァプール　ブルーチーズソース　P.016

さ 鮭・サーモン
- サーモンのミキュイ　ヨーグルトソース　P.018
- サーモンとマッシュルーム、ねぎのミルクブレゼ　P.108

さば缶
- さば缶とクリームチーズのディップ　P.122

さわら
- さわらのヴァプール　エスニックソース　P.024
- さわらと野菜のビネガーブレゼ　P.110

た たい
- たいの紙包み蒸し ドライトマト&オリーブ、ケッパー　P.022
- 菜の花とたけのこ、たいのエチュベ　P.070

たら
- たらのヴァプール　トマトレモンオイルソース　P.019

野菜

あ アスパラガス
- えびとアスパラガスのヴァプール　アイオリソース　P.014
- グリーン野菜と玉ねぎのパセリヴィネグレットサラダ　P.026

か かぶ
- 緑の野菜のエチュベ　P.062
- 野菜のペイザンヌ　P.078

カリフラワー
- カリフラワーと芽キャベツのチーズフォンデュ　P.032
- 白い野菜のエチュベ　P.060

き キャベツ・芽キャベツ・紫キャベツ
- キャベツのサラダ　アンチョビードレッシング　P.029
- カリフラワーと芽キャベツのチーズフォンデュ　P.032
- 野菜のペイザンヌ　P.078
- 紫キャベツとりんごのブレゼ　P.114

こ 小松菜
- 小松菜のクミンオイルがけ　P.028

さ さやいんげん
- 鶏もも肉と野菜のヴァプール バジルソース　P.036

し 香菜
- 豚薄切り肉のバインミー風　P.040
- ひき肉団子のヴァプール　P.046

す ズッキーニ
- ミネストローネ　P.052

スナップえんどう
- グリーン野菜と玉ねぎのパセリヴィネグレットサラダ　P.026
- 緑の野菜のエチュベ　P.062

せ セロリ
- 鶏ささ身のヴァプール　セロリバターソース　P.038
- ミネストローネ　P.052
- セロリのクミンオイルエチュベ　P.065
- 野菜のペイザンヌ　P.078
- レタス、セロリとえびのエチュベ　P.082
- 豚肩ロース肉と野菜のブレゼ　P.090
- 手羽元と玉ねぎ、セロリ、トマトのタジン風　P.092
- 牛すね肉のブレゼ　P.102
- シェーラソーシッスのカスレ風　P.106
- さわらと野菜のビネガーブレゼ　P.110
- 紫キャベツとりんごのブレゼ　P.114
- にんじんとセロリのクリームブレゼ　P.116

そ そら豆
- 蒸しそら豆のチーズ風味　P.029

た 大根
- 豚薄切り肉のバインミー風　P.040
- 大根と豚バラ肉のブレゼ　P.112

たけのこ
- 菜の花とたけのこ、たいのエチュベ　P.070

玉ねぎ・紫玉ねぎ
- グリーン野菜と玉ねぎのパセリヴィネグレットサラダ　P.026

ミネストローネ		P. 052
牛肉とれんこんのエチュベ　アジアン仕立て		P. 076
野菜のペイザンヌ		P. 078
豚肩ロース肉と野菜のブレゼ		P. 090
手羽元と玉ねぎ、セロリ、トマトのタジン風		P. 092
骨つき鶏もも肉と栗のブレゼ		P. 094
きのことくるみのチキンロール		P. 096
牛すね肉のブレゼ		P. 102
スペアリブとじゃがいものミルクブレゼ		P. 103
丸ごと玉ねぎのオニオンソース		P. 118

と トマト・トマトの水煮

ミネストローネ		P. 052
野菜のペイザンヌ		P. 078
ミニトマトのピクルス		P. 082
手羽元と玉ねぎ、セロリ、トマトのタジン風		P. 092
ひき肉のブーレット　パプリカトマトソース		P. 100
シェーラソーシッスのカスレ風		P. 106

な なす

なすキャビア　パン添え		P. 033

菜の花

菜の花とたけのこ、たいのエチュベ		P. 070

に にんじん

豚薄切り肉のバインミー風		P. 040
ミネストローネ		P. 052
豚肩ロース肉と野菜のブレゼ		P. 090
牛すね肉のブレゼ		P. 102
シェーラソーシッスのカスレ風		P. 106
さわらと野菜のビネガーブレゼ		P. 110
にんじんとセロリのクリームブレゼ		P. 116

ね ねぎ

ねぎのヴィネグレットソース		P. 028
白い野菜のエチュベ		P. 060
サーモンとマッシュルーム、ねぎのミルクブレゼ		P. 108
大根と豚バラ肉のブレゼ		P. 112

は 白菜

白菜のバターエチュベ		P. 064
豚薄切り肉のロール白菜		P. 098

ひ ピーマン・パプリカ

パプリカのオイルビネガーエチュベ		P. 065
ひき肉のブーレット　パプリカトマトソース		P. 100

ふ ブロッコリー

緑の野菜のエチュベ		P. 062

へ ベビーリーフ

シンプルグリーンサラダ		P. 052

ほ ほうれん草

ほうれん草のエチュベ		P. 064

れ レタス

レタス、セロリとえびのエチュベ		P. 082

れんこん

ひき肉団子のヴァプール		P. 046
白い野菜のエチュベ		P. 060
牛肉とれんこんのエチュベ　アジアン仕立て		P. 076

きのこ類

し しいたけ

ラヴィオリ シノワ ジャスミンティーソース		P. 048

きのこと鶏肉、麦のエチュベ		P. 072
長いものブレゼ　赤ワインソース		P. 120

しめじ

きのこと鶏肉、麦のエチュベ		P. 072
きのことじゃがいものチーズエチュベ		P. 082
きのことくるみのチキンロール		P. 096

ま マッシュルーム

きのこと鶏肉、麦のエチュベ		P. 072
きのことじゃがいものチーズエチュベ		P. 082
骨つき鶏もも肉と栗のブレゼ		P. 094
サーモンとマッシュルーム、ねぎのミルクブレゼ		P. 108
マッシュルームのサラダ		P. 122

いも類

さ さつまいも

さつまいもとオレンジのサラダ　タイム風味		P. 032

し じゃがいも

マッシュポテトのベーコン添え		P. 033
鶏もも肉と野菜のヴァプール　バジルソース		P. 036
白い野菜のエチュベ		P. 060
じゃがいもとあさり、ドライトマトのエチュベ		P. 068
きのことじゃがいものチーズエチュベ		P. 082
スペアリブとじゃがいものミルクブレゼ		P. 103

な 長いも

長いものブレゼ　赤ワインソース		P. 120

豆類

し 白いんげん豆

シェーラソーシッスのカスレ風		P. 106

ひ ひよこ豆

ひよこ豆と手羽中のエチュベ　セージバター風味		P. 080

卵

ウフ・マヨネーズ		P. 050
ウフ・ファルシ		P. 050
卵のココット蒸し		P. 051
ロワイヤル		P. 051
野菜のペイザンヌ		P. 078

フルーツ

あ アボカド

アボカドの牛肉巻き蒸し		P. 044

甘栗

骨つき鶏もも肉と栗のブレゼ		P. 094

お オレンジ

さつまいもとオレンジのサラダ　タイム風味		P. 032
鴨ロースのオレンジブレゼ		P. 122

り りんご

りんごと豚肉のエチュベ　サワークリーム添え		P. 074
紫キャベツとりんごのブレゼ		P. 114

穀物

は パン

豚薄切り肉のバインミー風		P. 040
野菜のペイザンヌ		P. 078

む 麦

きのこと鶏肉、麦のエチュベ		P. 072

上田淳子 Junko Ueda

料理研究家。辻学園調理技術専門学校卒業後、同校の西洋料理研究職員を経て渡欧。スイスのホテルやベッカライ、フランスではミシュランの星つきレストラン、シャルキュトリーなどで約3年間料理修業を積む。帰国後、シェフパティシエを経て、料理研究家として独立。自宅で料理教室を主宰するほか、雑誌やテレビ、広告などで活躍。ワインに合う日本食の提案イベントや、双子の男の子の母としての経験をいかした子どもの食育についての活動も行う。確かな技術とわかりやすい教え方に定評がある。近著に『から揚げは、「余熱で火を通す」が正解！』（家の光協会）、『帰りが遅くてもかんたん仕込みですぐごはん』（世界文化社）など。本書は『フランス人は、3つの調理法で野菜を食べる。』『フランス人が好きな3種の軽い煮込み。』などに続き、大好評の「フランス人の料理」シリーズ第4弾となる。

フランス人に教わる
3種の"新"蒸し料理。 NDC596

2019年9月12日　発行

著　者　上田淳子

発行人　小川雄一
発行所　株式会社 誠文堂新光社
　　　　〒113-0033　東京都文京区本郷3-3-11
　　　　（編集）TEL 03-5800-3614
　　　　（販売）TEL 03-5800-5780
　　　　http://www.seibundo-shinkosha.net/
印刷・製本　大日本印刷 株式会社

©2019, Junko Ueda.
Printed in Japan
検印省略　禁・無断転載

落丁・乱丁本はお取り替え致します。

本書のコピー、スキャン、デジタル化等の無断複製は、著作権法上での例外を除き、禁じられています。
本書を代行業者等の第三者に依頼してスキャンやデジタル化することは、
たとえ個人や家庭内での利用であっても著作権法上認められません。
本書に掲載された記事の著作権は著者に帰属します。
これらを無断で使用し、展示・販売・レンタル・講習会などを行うことを禁じます。

〈（一社）出版者著作権管理機構 委託出版物〉
本書を無断で複製複写（コピー）することは、著作権法上での例外を除き、禁じられています。
本書をコピーされる場合は、そのつど事前に、（一社）出版者著作権管理機構
（電話 03-5244-5088／FAX 03-5244-5089／e-mail:info@jcopy.or.jp）の許諾を得てください。

ISBN978-4-416-61980-3

Staff

撮影：新居明子
ブックデザイン：福間優子
スタイリング：花沢理恵
フランス語訳：Adélaïde GRALL ／ Juli ROUMET
校正：ヴェリタ
編集：飯村いずみ
プリンティングディレクション：山内 明（大日本印刷）
調理アシスタント：大溝睦子

◎撮影協力
オルネド フォイユ　03-6876-7832
グランピエ　03-3405-7269
ジョイント（リーノ・エ・リーナ、ピリヴィッツ）　03-3723-4270
ツヴィリング J.A. ヘンケルス ジャパン（ストウブ）　0120-75-7155